BESTSELLER

Silvia Selowsky Hirschler es periodista de la Universidad de Chile, con estudios de Psicología en la misma universidad. En sus inicios profesionales fue redactora de arte y cultura del diario *El Mercurio* y de las revistas *Hoy*, *Ercilla* y *Paula*.
Fue integrante de los talleres acerca de los Sueños, I Ching y Antroprograma de la doctora Lola Hoffmann y de Gestalt de la doctora Adriana Schnake. También ha sido discípula de maestros orientales, entre los que destaca el hindú Osho, que le dio el nombre de Ma Dhyan Mudra. Ha participado en comunidades espirituales en Estados Unidos y la India y ha viajado por Israel, España, Marruecos, México y Perú buscando enriquecer su información sobre simbologías.
Actualmente es terapeuta de reiki, práctica de meditación, y de yoga. Tiene una experiencia profesional de 20 años en lectura de Tarot, en su estudio y en el de otros arquetipos. *El oráculo de las diosas* es su primer libro.

Silvia Selowsky

El oráculo de las diosas

El despertar de lo femenino

DEBOLSILLO

El oráculo de las diosas. El despertar de lo femenino

Primera edición en este formato: enero de 2006

© 2004, Silvia Selowsky
© 2004 Random House Mondadori S.A.
Monjitas 392, of. 1101, Santiago de Chile
E-mail: editorial@randomhousemondadori.cl
www.randomhousemondadori.cl

Quedan rigurosamente prohibidas, sin la autorización escrita de los titulares del copygright, bajo las condiciones establecidas por las leyes, la reproducción total o parcial de esta obra por cualquier medio o procedimiento, comprendidos la reprografía y el tratamiento informático, así como la distribución de ejemplares de la misma mediante alquiler o préstamo públicos.

ISBN: 0-307-35021-5
Inscripción en el Registro de Propiedad Intelectual: 142.893

Ilustraciones de diosas: Ana Taulis
Diagramación: Gloria Barrios
Consultas a la autora: sselowsky@mi.cl
www.eloraculodelasdiosas.cl

Printed in Chile / Impreso en Chile
Impreso por: Imprenta Salesianos S.A.

Índice

PRÓLOGO 11

PRESENTACIÓN 15

INTRODUCCIÓN
1. Vivir la vida en símbolos 19
   - Comienzos de lo matrístico 24
   - Deidades múltiples 26
   - El despertar 27
   - Teoría de la pérdida 30
   - Tradiciones ancestrales 31
   - El mito del origen 32
   - Los diferentes arquetipos 33
   - "Ella cambia todo lo que toca" 36
2. El oráculo de las diosas 40
   - Selección de las divinidades 41
   - Su nombre: una Diosa 44
3. Las 28 diosas 46
4. Sentido de la interpretación 49
5. Formación de un altar 51
6. Técnicas para entrar en contacto con la Madre Cósmica 52
   - Los elementos y el aura 55
   - Nuestro santuario 57
   - Los chacras: centros de energía 60
7. Oraciones universales a la Diosa ... 64

LAS DIOSAS

Diosa Primigenia
Gaia 73

Diosas Vírgenes e Incorruptas
Artemisa......................... 87
Atenea 96
Vesta............................. 108

Diosas Vulnerables y Emocionales
Hera 117
Démeter 127
Perséfone 140

Diosa Alquímica
Afrodita 150

Diosas de Gran Fortaleza Personal
Isis............................... 162
Freya............................ 173
Pachamama 183
Hilandera 193
Oya.............................. 202
Coatlicue 209
Amaterasu 215

Diosa de la Sanación
Birgit............................ 225
Flora............................. 235
Yemanyá........................ 245
Oshún........................... 253

Diosas de las Sombras

- Hécate 261
- Inana 270
- Lilith 279
- Kali 288
- Sekhmet 300
- Pelé 306

Diosas de la Compasión

- Kuan Yin 314
- Tara 321

Diosa de la Buena Suerte

- Lakshmi 328

BIBLIOGRAFÍA 339

Prólogo

El manuscrito de Silvia Selowsky llegó a mis manos en medio de acontecimientos personales que clamaban a una Diosa Madre. Necesitaba abrazo, inspiración y fuerza. Me encontraba recurriendo a la Madre de nuestra cultura, la Virgen María. Rezaba el rosario día y noche. Recogía los frutos de tranquilidad y luz que el rosario infaliblemente me brinda, sin embargo, como siempre, mi devoción se debilitaba con alegatos múltiples sobre la imagen unívoca y tan ajena a mi realidad de la mujer invocada en esas oraciones.

En ese momento tan especial, el libro de Silvia colocó en mi altar a veintiocho diosas diferentes. El cielo se me pobló de colores y mi oración se dirigió renovada a la fuente de energía femenina de todas ellas, diversas, cercanas, maravillosas.

El modelo de mujer de mi cultura religiosa es pobre e incomprensible para una de carne y hueso como yo. Siempre he pensado que esa feminidad representa una proyección idealizada de los varones religiosos y no un modelo posible para las mujeres y madres que habitan este mundo.

Por eso el trabajo de Silvia Selowsky me pareció importante y constructor de identidad. Nos permite salir de la limitación del modelo único de ser mujer y reconocernos como portadoras de energías múltiples, creadoras, fuertes, multicolores. Al leer sobre las diosas se produce un enriquecimiento inmediato de nuestra psiquis.

Silvia nos invita a agregar en nuestros altares a potencias como Démeter, Afrodita, la Pachamama, las Taras del Tíbet, Perséfone, Atenea y muchas más. Nos propone interactuar con ellas, invocarlas, sentirlas como presencias reales y poderosas en nuestras vidas. Ellas nos aportan belleza, danza, emoción, libertad, inteligencia, sexualidad, expresión artística, sanación, y tantas otras cualidades de la energía femenina que acostumbramos a sepultar por mandatos culturales castradores de nuestro potencial.

La otra propuesta de Silvia Selowsky es hacer el contacto con las diosas mediante un oráculo. Me parece una idea fantástica. Nos propone un juego de sabiduría. Podemos averiguar la energía de qué diosa necesitamos para enfrentar ese problema que nos está preocupando. Más adelante será otro problema y otro más. Así nos iremos familiarizando con la riqueza y la variedad de nuestro potencial psíquico representado por las respuestas de las diosas.

Bienvenido este nuevo oráculo. Desde que Lola Hoffmann me introdujo a esa fuente de sabiduría, mi vida se facilitó enormemente. Desde entonces me pregunto: ¿Cómo lo harán las gentes que enfrentan las dificultades del vivir sin recurrir a ellos? ¡De cuántos errores me he salvado consultando!

La obra de Silvia transmite también una enorme fe en que no estamos abandonados a nuestros propios recursos en esta pasada por el mundo, sino que contamos con una pléyade de ayudas invisibles atentas a nuestra sola convocatoria. En esta época tan confundida y seca de espiritualidad, esa es la mejor noticia de todas.

DELIA VERGARA

Presentación

Y, finalmente, todo se armó y se plasmó en un rompecabezas circular. Este manual es el resultado de una larga travesía, de una intensa búsqueda del misterio íntimo de vivir y ser mujer. Introducirse en el océano calmo y mutable, soñador, inconstante y de facetas múltiples del arquetipo femenino es una tarea fascinante, compleja y asombrosa que, por supuesto, nunca termina.
Entrego este libro a hombres y mujeres para acercarse, de diversas maneras, a las diosas que han existido desde la Antigüedad hasta ahora. Las llevamos como impronta en: la capacidad creadora, la germinación y la fecundidad, el amor y el agradecimiento a la tierra, la protección fundamental necesarias como cobijo para la continuidad de la vida y el desarrollo sustentable.

Ha sido muy interesante y entretenido forjar este material con el intento de incluir todas las miradas posibles; la multidimensión y lo multifacético me han cautivado desde siempre. La elección de una u otra diosa, de acuerdo a la propia intuición, así como el aplicar y recrear la información disponible ha sido esclarecedor: un desafío vivencial para que ellas fueran representativas y espejos certeros de uno mismo, al tiempo que, de diversas antropologías y civilizaciones.

El texto fue un embarazo lento, que se desarrolló en forma natural y bastante simultánea, con los talleres sobre El Despertar de las Diosas. Prácticamente, todas las vivencias que se sugieren, las hemos experimentado. Quise compartir mis hondas vivencias de cambio con las mujeres de nuestra época. Esta es una invitación a contactarse y conectarse con la energía de la gran diosa universal, la que genera una nueva cosmovisión individual y cada vez más comunitaria, en la cual se integra lo femenino. Ahora, este es un parto colectivo.

Mediante este texto se gestó, a través de la escritura, un producto decantado, testigo de los múltiples encuentros con mis hermanos y hermanas de camino. Compañeros de ruta en tantos amaneceres y crepúsculos, en terapias de grupo y corporales, en meditaciones dinámicas, en el tai chi y el chi-kung, en el yoga, el reiki, las flores de Bach y otras, en el estudio y vivencia de los oráculos y conocimientos ancestrales, en manifestaciones del arte y la cultura. Pioneros. Somos las diosas, los dioses y las divinidades femeninas de carne y hueso. Somos los que estamos pariendo el lado femenino del planeta desde hace unas décadas aquí en Chile. Cada uno de los seres abiertos a lo femenino es una transmisión viviente de la belleza de la Diosa, a través de su persona. Nos caracteriza el interés por nuestra propia evolución y, por consiguiente, del planeta. Es nuestra contribución la misión y el vivir de acuerdo a ella. La mía, más fundamental, es servir a la divinidad dándola a conocer a través de símbolos, enseñando a comprender su inocencia y sus experiencias. Una vez que se inició la senda no existe pie atrás. Un paso lleva a otro paso.

La magia y lo oculto. Los amores. Llorar y reírse con ganas, sobre todo de uno mismo. Aromas, hechizos, agüitas de plantas medicinales. Calderos humeantes que semejan vientres mágicos para quemar inciensos y hierbas. Abundancia y luminosidad. La alegría del ser mujer, lo coqueto: los romances, las pasiones, la ira. Compartir espacios de felicidad, de alegría vital, de despertar místico, viajes y vivencias espirituales, además de los procesos ineludibles de indignación, dolor, resentimientos, apatía e indolencia.

Todo cambia de un segundo a otro en esta nueva era. Ese también es el lado femenino: flexible, variable y creador en los instantes, el aquí y ahora; ocurrente, ingenioso, sabio. Le encanta compartir en círculo y entrar al laberinto. Las deidades nos confrontan con lo que necesitamos observar de nosotros mismos.

Me siento hermana de muchas mujeres, en Chile y allende la cordillera, los mares y los continentes. En todas partes se recrean estos círculos que nos sanan: celebraciones a la Luna, equinoccios y solsticios, ceremonias ancestrales, los inipis (rucos de sudor) y temascales, las caminatas por el fuego y las medicinas sagradas. Las aperturas a otras cosmogonías, la universalidad de todo y del Todo. La psicología transpersonal, la medicina china, el budismo, el hinduismo, el sufismo, la astrología, el Tarot, la Cábala, el eneagrama, la numerología, los grupos de autoconocimiento como la Escuela Arica, Escuela de Ser (SAT) de Claudio Naranjo, el centro de Gestalt Anchimalén de Nana Schnake son algunos de estos sistemas que conectan con la interioridad. Convergen en espirales evolutivas del viaje de individuación.

Esta guía pretende ser un incentivo a este movimiento del femenino consciente, ecológico y espiritual. Un apoyo y una invitación a participar de alguna de las técnicas, circuitos y procesos de transmutación que se describen o en las cosmovisiones sugeridas. Las deidades ayudan y estimulan, en distintos períodos de la vida, en especial en los cambios importantes. La conexión con ellas permite comprender y aceptar el día a día y, sobre todo, desarrolla la confianza absoluta en la chispa divina. La actuación de la Diosa se reconoce en los acontecimientos que atravesamos. La sincronicidad es una manera de responder. Es un anónimo directo de la divinidad. Hay que escuchar y saber ver con todas las ventanas y antenas abiertas.

Agradezco a los amores vividos, a mi hija, a mi familia, a mis amigos, a mis maestros y terapeutas, a mis alumnos, a mis colegas, a las sincronías y los encuentros, a las investigadoras y escritoras de los círculos de las diosas. Gracias a cada uno de ellos; gracias a todos ellos me atrevo a reelerme una y mil veces, a encontrar las coherencias, a expresarme, a cometer errores, a asumirme, a hacer mías las iniciativas para la evolución. A estar en espacios de gratitud y confianza con la divinidad, ahora y por siempre...

¡Que tu guía sea la Diosa!

Introducción

1. Vivir la vida en símbolos

El propósito general de este texto es facilitar la autoexploración interior, aceptando que la conexión con el centro del ser, el viaje hacia lo esencial, se realiza desde muchas facetas, espacios, arquetipos y espejos, variados y verdaderos, de distintas cosmovisiones que cohabitan el planeta desde tiempos inmemoriales. La importancia del conocimiento de los símbolos radica en que a través de ellos se contacta la esencia del ser, que reconoce estas imágenes arquetípicas de las diferentes culturas y las asemeja a una individual, primordial y propia. Son puertas para el individuo que fluyen directamente emanando de los manantiales más profundos de la psique.

En su libro *El hombre y sus símbolos*, el eminente psiquiatra e investigador suizo, Carl Gustav Jung, define la expresión "arquetipos esenciales" como imágenes, motivos, signos, que aparecen en todas las mitologías, folklore, sueños y fantasías de todos los pueblos desde sus comienzos y desde siempre en la historia de la humanidad.

Las imágenes son la base de todos los idiomas. Cuando se van descifrando los mensajes, los múltiples dibujos, jeroglíficos y signos guardados se establece un lazo, una unión, una conexión, un vamos, un sentido de comprensión y alegría. A su vez, cuando este eco, esta percepción intuitiva e instintiva sucede, se producen calma y tranquilidad, se produce una llegada a puerto. Echamos raíces en la confianza, las copas se abren y el agua se desliza, mejora la circulación y la fluidez, nos empapa la emotividad sutil y el atisbo concreto del espíritu.

Existe una universalidad en los arquetipos: son las pinturas del alma. El símbolo es una especie de madre en su concha de caracol de todas las lenguas, de las profundidades de las cuales surge la fuente esencial de la cual extraemos comprensión y contacto con ese, con este, el inasible... Es el viaje con un destino personal para cada ser, y que es su camino de individuación; su originalidad única, sus descubrimientos vivos y vivenciales lo llevan a la verdad propia y que es, a la vez, universal.

Uno de los símbolos más clásicos es el círculo; que es la redondez de la rueda, de las formas laberínticas, de las elipses caracoleadas que van conduciendo hacia el centro cubierto de múltiples capas delgadas, como las de una cebolla. Las espirales aluden a la misma memoria básica de lo que se repite y va ascendiendo por los senderos de la evolución.

El déjà vu, lo ya vivido, es otra vivencia sincrónica y de confianza que surge de la compañía y el reconocimiento de los símbolos. Su lenguaje, la interacción con ellos y su mitología nos arroja claves que nos ayudan a decantar y comprender, contactar y percibir lo recóndito, lo intangible. Son golpeteos esenciales que nos tocan en el alma.

En el texto *Los círculos de piedra*, de la antropóloga Joan Dahr Lambert, que consiste en la recreación de millones de años atrás hasta hace 30 mil años, aproximadamente, se pone énfasis en el encuentro de sitios de poder que surgen a la vera de la naturaleza y del paisaje. Allí, los lugares más sagrados de la comunidad y en los cuales se buscaba la comunicación y se oraba a la divinidad eran circulares, y era donde se asumían sus mensajes y enseñanzas. Nuestros antepasados buscaron y formaron estos monumentos en parajes escogidos como centros de reunión y transmisión de la energía primordial de la Madre Creadora.

Llegamos a antiquísimos arcanos (como flores, círculos y mandalas) por medio de las artes, la música, la poesía, el cine, la danza, la sexualidad, los sueños, la creación, los inventos, la religiosidad, el chamanismo, el trance, la meditación, la medicina sagrada, las terapias corporales, los proverbios, las analogías, las asociaciones, las conexiones, las conversaciones, las palabras. Las ideas e imágenes que de ellos surgen son escenas que describen las tendencias del desarrollo humano.

Existen tantas búsquedas como seres humanos; cada uno llega a la integración y autorrealización a través de sus propias vivencias y elecciones, conscientes e inconscientes, en los circuitos evolutivos. El arquetipo está presente en todos los pueblos, en todas las culturas, en todas las épocas de la historia; es una parte de la memoria colectiva de la humanidad y emerge cada vez que el hombre necesita verdaderamente tomar contacto con él. Si se piensa en el ser primitivo, lo más seguro es que sus primeras inquietudes por el origen se dirigieran al firmamento estrellado, para que la Luna y el Sol le proporcionaran algunas respuestas. Los cuatro elementos: fuego, aire, agua y tierra ampliaron esa información, las cuatro estaciones incrementaron su conocimiento... los cuatro puntos cardinales, y así, sucesivamente.

La astronomía nació temprano en la historia del hombre, cuando él se preguntó por el movimiento de los astros en la bóveda celeste. El nómada de las tribus dirigió su mirada al cielo y a sus múltiples destellos luminosos. Los planetas y las estrellas le entregaron información: lo oscuro y lo claro, la noche y el día, el frío y el calor, las nubes y la lluvia: tiempo de sembrar, de cosechar, de guardarse.

Así como de la astronomía, existen también vestigios concretos de la aplicación de la astrología desde tres mil 800 años a.C., en Sumeria.

Los planetas recibieron nombres de dioses y de diosas que ayudaban a "identificar los arquetipos del alma que dan forma a nuestra personalidad, intereses, atracción amorosa, sueños y ensueños —como indica Gonzalo Pérez, psicólogo y astrólogo chileno. Entre los personajes de este Olimpo del alma se distribuyen nuestros talentos, vocaciones, energías y espontáneas afinidades, algunos en luz, otros en sombra. Atracciones y rechazos de nuestra vida emocional".

Las preguntas por el ser y el origen están en todas las cosmovisiones y la mayor parte de ellas encuentra su respuesta, a través de energías sutiles e invisibles, en primera instancia, en las propias personas. Por ejemplo, el Tarot, cuyo origen se atribuye a culturas tan disímiles como la Atlántida, Egipto o los gitanos, es otra señal de sabiduría ancestral, o el I Ching y las runas, que son oráculos de la cultura china y nórdica, respectivamente. Existen también otras expresiones reveladas en los sueños, en la oración, a través de guías, arcángeles, maestros, psiquiatras y psicólogos, chamanes, sanadores, terapeutas holísticos; todas ellas, en sus acepciones, inquietudes y revelaciones, son distintas a lo material, conocido y perceptible a los cinco sentidos y todas intentan responder el misterio de la vida.

Los oráculos manifiestan la necesidad y el interés del ser humano por conectarse con la divinidad, recibir sus mensajes e integrarlos en el día a día. Las palabras orar y oráculo tienen un mismo principio, que es una manera de dirigirse a la deidad. Incluso el término "oráculo" se vincula en su origen a Ra, el dios Sol de Egipto. Por su parte, el vocablo Tarot se configura, en español, en rueda, rota, tora, orar, ra. Entre los griegos y romanos se lo definía como el lugar o el medio a través del cual se consultaba a las deidades, como el oráculo de Delfos (en latín se traduce como "anuncio divino"). Otros significados que se le otorgan son el de revelación o contacto con los dioses o con un ser humano de alta sabiduría y conocimiento.

Comienzos de lo matrístico

En los últimos 25 años, en forma muy activa y en casi todos los campos de la vida humana, hay un despertar hacia lo femenino, hacia la presencia de la Gran Diosa como fuente primigenia, como la Madre del Todo, como guía, protectora y reproductora de la comunidad. Es una historia singular que devela nuevos paradigmas muy concretos y que se descubre, día a día, de variadas maneras; a través de la arqueología y la historia de hace más de 35 mil años, en investigaciones permanentes en Europa y Asia, hilándose con formas y figuras redondeadas, testigos silenciosos, presentes desde siempre, hoy y ahora, de otra organización de convivencia de hombres y mujeres sobre el planeta.

En esta era en que se produce un advenimiento de lo femenino en todo el mundo, en que se habla de un *feminismo consciente*, de un *femenino* o *feminismo divino* y de un *feminismo espiritual*, persisten —con extraordinaria pujanza— los arquetipos clásicos de la Diosa y se validan las imágenes de greda y piedra que datan de 30 y 20 mil años atrás.

Uno de los vestigios más concretos de la cultura matrística es la Venus de Willendorf, encontrada en Europa en el año 1908, muy cerca de Viena, Austria. Es una pequeña figurilla de arcilla de unos diez u once centímetros de tamaño, guardada en la actualidad en el museo de esa ciudad. Su fecha de origen tiene dos versiones: la primera la sitúa cerca de 20 mil años atrás, mientras otros afirman que es de hace 33 mil o 35 mil años. También existe la imagen de la Madre Tierra en Laussel, Francia, de unos 25 mil años atrás. Las formas voluminosas de ambas figuras, sus vientres, caderas, pechos amplios y generosos, con sus vulvas destacadas, las expresan como la fecundidad de la Madre Tierra, creadora, dadora y quitadora de la vida. Incluso, la ausencia de rostro en ambas alude a este poder de partogénesis —un modo común de procreación en las plantas, algunos insectos, ranas y peces—, nutridor y regenerador de la mujer. Tal es una de sus características principales, repetida desde siempre, y que remite a su fuerza primigenia, fuente de la creación y de la vida, surgida desde las aguas, entre el caos y la oscuridad de los comienzos.

Estas figuras ampulosas son las más fieles representaciones de la diosa primaria. Su cuerpo es la tierra misma de la cual emanan todos sus esplendores, en los más diversos aspectos y formas, conectados con los ciclos y estaciones de producción de la tierra. Es el principio femenino como símbolo primordial del milagro de la vida. Es el culto a la fertilidad —al nacimiento, la vida y la muerte—, la principal religión de adoración a la diosa.

Deidades múltiples

La matriz reproductora, el dar a luz junto al ánimo de protección, el laberinto como imagen de la totalidad son características fundamentales del ser femenino. Aunque la Diosa es una, se la concibe en innumerables formas. Todas las divinidades que irradian de su ser son fracciones de su poder y otras son emanaciones parciales. La Diosa es una sola y, al mismo tiempo, muchas. Cuando todas sus manifestaciones se reúnen representan el pleno poder del arquetipo. Su veneración era monoteísta y politeísta a la vez, puesto que era el principio. Esta Diosa vive a través de muchas emociones en nosotras y aprendemos a lo largo de nuestras vidas a encontrarnos y experimentarnos en espacios desconcertantes, disímiles e inesperados.

Encontrar tu divinidad interior es contactar tu ser más alto, verdadero y valioso. Honrar la energía de la Diosa, guiarte por esa fuerza instintiva e intuitiva, significa ser auténtico.

El retorno de los rituales femeninos con el culto a la Madre Tierra y a los reinos vegetal y mineral nos vuelven a conectar con ritos antiquísimos en los cuales existían valores solidarios y en los que la mujer ejercía el rol de recolectora, guía y madre nutricia de la comunidad.

Uno de los propósitos de este texto es dar a conocer los diversos atributos de las diosas, aceptando la sensibilidad, turbulencia y hasta ambigüedad que provienen de las relaciones con la

Luna, sus ciclos, la matriz reproductora —cueva íntima, caverna oscura de sangre— y de la consiguiente influencia de sus hormonas.

Este culto a la Madre ha sido representado a través de variadas figuras: imágenes dando a luz, otras descabezadas o con cabezas de pájaro, que aluden a una proyección chamánica de la divinidad. Asimismo, se han encontrado dibujos con serpientes que indican el aspecto regenerativo y de transformación de la deidad, de cambio, de muerte y de aceptación de sus diferentes fases.

Los ofidios, junto a las palomas y los árboles, fueron símbolos sagrados asociados a la Gran Diosa. Otros signos abstractos de nuestros antepasados la expresan a través de las imágenes laberínticas, las espirales, los triángulos —simples y dobles—, que son símbolos de la vulva, los puntos y los discos con una especie de semilla en el centro, líneas paralelas y en zigzag. Las alas y las mariposas son signos del poder de vuelo de la Diosa: de la claridad con la que nos conduce hacia la evolución.

El despertar

Más de 30 mil miniaturas en greda, mármol, hueso, cobre y oro, además de enormes cantidades de dibujos y representaciones de la Diosa en cuevas, vasos rituales, altares, pinturas en los muros de templos y santuarios, encontrados en más de tres mil sitios de excavaciones, evidencian la importancia del culto a ella, en la Antigüedad, la Europa antigua y prepatriarcal. Existen dibujos de mujeres danzando en pinturas de cavernas africanas y europeas que datan de la Edad de Piedra. En cada cultura donde se reverencia a la Diosa, las mujeres bailan en éxtasis la celebración de la energía sagrada del cuerpo. Otras imágenes que indican su fertilidad se encontraron entre los caldeos, griegos, escandinavos, hindúes y chinos, que la representan tanto como deidades lunares como de la Tierra.

Anatolia, Turquía, Hungría, Francia, Alemania, Checoslovaquia, Polonia, Rumania, Bulgaria, Ucrania, Rusia son sitios que proveen de informaciones históricas nuevas y en los cuales se han realizado investigaciones arqueológicas que las confirman. Además, se han encontrado estatuas precolombinas e imágenes de adoración a la Diosa en América.

Todas las excavaciones en las cuales durante los últimos años participan mujeres, ya sean investigadoras, historiadoras, mitologistas, antropólogas, arqueólogas, sanadoras, escritoras o representantes de los movimientos feministas, conducen a esta nueva visión de la historia, que recrea una sociedad de valores solidarios, antiguerreros, en la cual priman los intereses de protección y crecimiento de la naturaleza, así como de igualdad entre todos los seres humanos. El impulso de la ecología también lleva a reencontrar estos valores y por ello los movimientos ecologistas han sido muy relevantes en Estados Unidos, Canadá, Europa y otros lugares.

De cierta manera, todos estos testigos y expresiones de otra realidad están llevando, todavía en pequeña escala pero cada vez con mayor certeza, a una reinterpretación de la historia de la Humanidad. Esto lo señalan los textos de Riane Eisler *El cáliz y la espada* y *El placer sagrado*, en dos tomos; de la escultora e historiadora Merlin Stone, *When God Was a Woman* y el libro de varias autoras, editado por Sello Azul, *Del cielo a la tierra. Una antología feminista*. A estas se agrega el Tarot Madre Paz, con su correspondiente libro homónimo de la escritora y sanadora Vicky Noble y muchos otros textos y numerosas actividades que confirman la renovación del culto a la Diosa en el mundo.

La principal estudiosa de los yacimientos encontrados fue la arqueóloga lituana Marija Gimbutas, fallecida en 1994, cuyas obras *El lenguaje de las diosas* y *Civilizaciones de los dioses y las diosas de la Antigua Europa*, entre otras veinte (amén de 200 artículos publicados y profusamente ilustrados), comienzan a influir en el análisis de la participación femenina en relación a los orígenes del ser humano y, por consiguiente, en la apreciación de su rol en la historia de la Humanidad, tanto en Europa, como en el Cercano y Medio Oriente.

Por otra parte, los estudios históricos que se llevan a cabo en diversas culturas señalan la importancia de la Diosa Sol, existente en las visiones antropológicas de países como Japón, India, China y Sri Lanka.

Teoría de la pérdida

La investigadora Marita Gimbutas descubrió y describió la relación sagrada entre la vida y la naturaleza que existía en las épocas prepatriarcales. El detalle de sus estudios y la reproducción visual de los numerosos objetos, con las consiguientes interpretaciones de todos los hallazgos y múltiples representaciones de la deidad, hacen percibir las diferencias entre el sistema matrístico de la Europa antigua y el sistema patriarcal indoeuropeo. La estudiosa sostiene que en la Europa neolítica, entre el año 6.500 y 3.000 a.C., existió una civilización que era matrística, de valores igualitarios, pacífica, muy artística y adoradora de la Diosa. Luego, esta cultura fue invadida por los indoeuropeos patriarcales que llegaron a caballo y vinieron desde Rusia en tres oleadas: cerca del 4.400 a.C., 3.500 a.C y 3.000 a.C., con lo que la pacífica civilización fue absorbida, subordinada y parcialmente destruida.

Para darnos cuenta de la relevancia de los descubrimientos de Gimbutas —escribe la teóloga Mary Judith Ress en la revista *Conspirando* en 1997, editada en Chile— debemos antes admitir la orientación antinaturaleza y anticuerpo en la filosofía y espiritualidad occidental, que se encuentra intensificada y codificada en el pensamiento griego clásico. Es muy probable que la resistencia a los descubrimientos de Marija Gimbutas radique en la adhesión que muchos aún tienen al paradigma de una civilización construida de acuerdo a los intereses del género, la raza y la clase prevaleciente, en una jerarquía de dominación/subordinación.

Tradiciones ancestrales

Las culturas antiguas afirmaban que la creación estuvo a cargo de lo femenino. La Gran Madre Universal, la Gran Diosa, la Diosa Gaia, sería la creadora de los mundos, la procreadora de la Tierra. Es la fuente de donde proviene todo. Más de diez mil nombres describen a las diosas y sacerdotisas de todos los tiempos, geografías y culturas de la humanidad. Son las expresiones vivas de las abuelas, las madres, las hermanas, las hijas, de la Gran Matriz Cósmica, de la Luna Madre del Universo Cósmico, de Todo lo que Es, de la Madre Naturaleza, de la Madre Tierra.

La mitología es un vehículo para la comprensión de las formas que actúan en nuestra personalidad y que delinean los modelos psicológicos que nos influyen. Por ello, la mirada a las diosas de las diversas culturas nos devela aspectos intrínsecos de nuestro ser, que se han transmitido de generación en generación y que forman parte del inconsciente colectivo y de la historia sobre el planeta. Conocer los mitos que explican a las diosas y las hacen sentir, conectarse con sus ilustraciones, pulsa acordes escondidos de nuestro ser, alimenta el alma y nos habla en un nivel muy mágico y misterioso. Despierta infinitas potencialidades y legitima la interioridad del ser femenino.

Los círculos femeninos existen desde siempre en la Humanidad: las hermanas de la tribu, mujeres dando a luz, compañeras de sanación, guardianas de los templos, de los enfermos, de los ancianos. Desde yerbateras a videntes, sanadoras y médicas, las mujeres realizan tareas que tienen que ver con la diversidad, que es uno de sus atributos más nobles y fundamentales.

A determinados aspectos de la Diosa Madre se les permitió sobrevivir en la forma domesticada de María, madre de Dios. Por su parte, algunas vírgenes negras de antiguos santuarios son testimonios de la Gran Diosa.

El mito del origen

La Luna, por su parte, es el centro de los misterios femeninos y la primera representación de la mujer a través de los siglos de la historia y las civilizaciones. Se dice que es la morada subterránea de la Diosa. Las primeras representaciones gráficas de la Luna se hicieron a través de piedras, las que con el tiempo fueron resaltando características más humanas. La versión del origen de la Luna explicaba sus atributos, además de la identidad de la Tierra. Según este mito, instalado tanto en el mundo antiguo como en el nuevo, la fuente original de la Tierra y la Luna era un huevo cósmico que explotó en dos partes, quedando una en el cielo como la segunda y convirtiéndose la otra en la primera. Este primer huevo del mundo era

la matriz de la que surgió todo. Ambas partes del huevo llevan una doble vida, como Tierra y como Luna, y se llaman Tierra y la Mujer.
La Luna de los comienzos, la creciente, representa los inicios de la siembra, la doncella, la virgen. La Luna llena es la expresión máxima del potencial, claridad y plenitud de la mujer, es la adulta, la asumida belleza de la Diosa en su globalidad. La Luna menguante tiene que ver con energías y preparaciones distintas que se transforman en sabiduría e integración. La Luna menguante es el tiempo del estudio.

La Luna negra, como su nombre lo indica, representa los instantes de oscuridad, anteriores a los comienzos del nuevo ciclo, que dura entre 28 y 29 días. Durante este, la Luna vive diversas fases, que transitan por los doce signos del zodíaco. Su relación significativa y a la vez de transición, cuando pasa por cada uno de ellos, la investiga y desarrolla la astrología, disciplina que analiza su influencia en el ánimo, en los ciclos, en los ritmos y en la personalidad de los seres humanos. Las fases de la Luna son reveladoras de espacios inconscientes, psíquicos, oníricos y de cómo uno funciona en forma intuitiva.

Los diferentes arquetipos

Invito a que nos volvamos a conectar con los arquetipos de la Diosa que viven en cada mujer desde lo más interior y auténtico, valorando nuestros lados tan diversos y singulares: el salvaje

e instintivo, el ancestral, primitivo y permanente; el escondido y misterioso; el ambiguo y lunático, junto al protector y maternal, abundante y generoso; el vulnerable junto al fortalecido; el sutil junto al intenso; el drama y el humor. Cada diosa proyecta algo, una faceta que tiene que ver contigo, conmigo, con nosotras, con nosotros.
La función de la Diosa y las sacerdotisas es la capacidad sagrada de contener y proteger, de transmitir, de servir de puente, de recibir para poder dar.

Convoco a incorporar todas nuestras facetas, a interactuar y relacionarse escuchando lo más intuitivo, lo más honesto de cada una: las nostalgias ininteligibles y la fortaleza enraizadas profunda y sólidamente en la tierra. En estos tiempos urge la necesidad de asumir estos roles para crear el otro polo del patriarcado, gestando la protección concreta terrenal, integrando ambas realidades: lo femenino y lo masculino en la conciencia, el Yin y el Yang, los opuestos y complementarios.

Los símbolos de las diosas resultan universales y permanentes. El hecho de que correspondan, muchas de ellas, a significados semejantes en diferentes culturas nos evidencia que brotan de las profundidades de la psique humana, donde duermen las verdades que son de validez permanente, tal como afirma Jean Shinoda Bolen, psiquiatra californiana de origen japonés, autora de *Las diosas dentro de cada mujer*.

El número de imágenes que se repiten en culturas separadas por miles de kilómetros y hasta por miles de años es asombroso y habla del eterno femenino que existe desde siempre. Por ello, aunque estamos situadas en diferentes continentes, muchas mujeres nos hallamos en la misma sintonía.

En su ensayo, Shinoda Bolen indica:

Pasamos por los arquetipos y símbolos más clásicos, como son las diosas —sagradas y profanas—, vírgenes, madres, esposas, amantes, bellas, justicieras, protectoras, sensitivas, sabias, comunicadoras, urdidoras de redes. Diosas vírgenes, vulnerables y alquímicas, como formas principales (…) La perspectiva junguiana me ha hecho consciente de que las mujeres están influidas por poderosas fuerzas internas, o arquetipos, que pueden ser personificadas por las diosas antiguas. Y la perspectiva feminista me ha proporcionado una comprensión de cómo las fuerzas externas o estereotipos —los papeles a los que la sociedad espera que la mujer se adapte— refuerzan algunos patrones de diosas y reprimen otros.

Las figuras de poder y audacia, liderazgo, sexualidad, amor, misterio, belleza, sabiduría, discernimiento, construcción y destrucción, fuerza, dualidad, seducción, invención, sensibilidad, etc., son descritas en el libro *Goddessess Oracle*, de la autora norteamericana Amy Sophia Marashinsky, quien presenta a 52 divinidades de múltiples matices y diferentes culturas.

En su libro *La diosa en nosotras*, la argentina Ethel Morgan describe a la creadora por excelencia y la proyecta en una propuesta interesante que recoge muchos arquetipos, sintetizándolos en la creadora y en otras nueve expresiones: la que da energía, la que limita, la que protege, la que inicia en los misterios del amor y la entrega, la desafiante, la que libera, la que conecta, la que nutre y la que potencia.

Otra forma de contemplar la presencia de la diosa es la brujería —sostiene Patricia Monaghan, en su prólogo al *Calendario Llewellyn de las diosas*—, que es una de las muchas religiones que reconoce la divinidad en la forma femenina y también en su forma masculina (...) Algunas brujas eligen a las diosas que representan su raza o herencia; otras a las que rigen áreas de la vida como el amor y el dinero. No existe un modo único de adorarlas, sino muchos distintos rituales y cánticos para invocarlas a formar parte de nuestras vidas (...) Los rituales de la hechicería permiten que estas partes se manifiesten. Ya sea que la Diosa esté dentro de nosotros o fuera, es real, y espera venir junto a cualquier brujo o bruja que la invoque.

"Ella cambia todo lo que toca"

Las brujas eran las descendientes de las antiguas sacerdotisas paganas adoradoras de una deidad creativa femenina. Representaban el tercer aspecto de la Trinidad Sagrada Femenina: a la anciana sabia. Eran temidas y rechazadas por sus habilidades de profetisas, comadronas y curanderas, valientes e indómitas.

Otra manera de comprender este arquetipo es el "sabor de lo salvaje", descrito por Clarisa Pinkola Estés, en *Mujeres que corren con los lobos*. "Cuentan por ahí que dentro de cada mujer existe una criatura silvestre natural, una poderosa fuerza dotada de instinto e intuición original, de creatividad apasionada y de 'saber eterno'. Su nombre es mujer salvaje y, al igual que la vida silvestre, es una especie amenazada", sintetiza Luz María Villarroel en su artículo "La mujer salvaje", en *Conspirando* Nº 14, de diciembre de 1995. En diferentes culturas se la conoce por distintos nombres. En México, ella es la Loba y la Huesera; en Guatemala, entre muchas, es la Hermana de la Niebla. En el Tíbet se la llama Dakini, la fuerza danzante al interior de cada mujer.

En los últimos tiempos, todo el acontecer económico, social, político, profesional y particularmente de los valores de la sociedad se abre a lo matrístico. Libros sobre la temática, secciones y programas especializados, reportajes, muestran que el retorno de la Diosa es de interés en todos sus ámbitos.

Lo más interesante de la era actual son los nuevos espacios, el lenguaje que se emplea, las nuevas conversaciones sobre la pareja, la familia, los roles innovadores tanto para hombres como para mujeres en esta mayor integración de lo antiguo y lo contemporáneo, de lo femenino y lo masculino para llegar a una senda de equilibrio.

Otro aspecto de lo mismo es el resurgimiento, en grupos reducidos, del interés por las culturas aborígenes: el chamanismo, la mujer medicina (como se la llama entre los indígenas norteamericanos), la machi de los mapuches de Chile y la Pachamama en nuestra América morena, quienes ejercen un rol de poder, sanador y holístico al incorporar las propiedades de las plantas, las friegas, la alimentación, los sueños. Incluso ahora actúan en los medios urbanos y de una manera mucho más incorporada a través de su participación en hospitales y centros médicos, tanto de medicina oriental como mapuche.

Todas estas son claves para recuperar la autoestima femenina a través de la conexión con lo intuitivo, con lo animal, con el cuerpo, con el parto natural, la sangre, la menstruación. Por ejemplo, a esta última, llamada Luna en las culturas andinas, desde siempre se la ha relacionado con los ciclos de este satélite, e incluso los calendarios antiguos proceden de esa conexión. En las sociedades antiguas, durante su menstruación las mujeres se alejaban temporalmente y habitaban un estado de soledad o más bien dicho de conexión con su ser para recuperar sus energías, pues está probado que en ese período la mujer está más cerca de su esencia. Todos los sentimientos, sensaciones que están normalmente bloqueados del consciente se reconocen sin resistencias en ese lapso. Se recomienda pasar el segundo día de la menstruación conectada con la Luna, ojalá unas tres horas. Carmen Vicente, una "pachamama" ecuatoriana que visita Chile frecuentemente expandiendo su sabiduría a través de ritos arcaicos, entrega esta oración:

> Yo estoy conmigo escuchando este flujo de mi vagina. ¿Qué es depositar la sangre a través de esta herida sagrada? De la vida sale a la naturaleza este flujo rojo, la semilla sale a la tierra. Es un parto chiquito. Pongo en la planta el grano de sangre.

Las diez mil y más heroínas y diosas de toda la humanidad irradian múltiples energías, más allá de los matices culturales y etnias diversas, y algunas son más desarrolladas, conocidas y aceptadas que otras. Las cosmovisiones se entrelazan desde muchas realidades y distintos puntos de vista.

"Ella cambia todo lo que toca y todo lo que ella toca, cambia", es un estribillo que recitan las indígenas de Estados Unidos. Se canta en los círculos de mujeres, como parte del ritual de invocación de la Diosa. Otro rito importante del ceremonial es el llamado a los espíritus guardianes, a los guías de los cuatro elementos: fuego, agua, aire y tierra, que se utiliza tanto para abrirlos como para cerrarlos con el agradecimiento a sus presencias.

2. El oráculo de las diosas

Tanto para las mujeres como para los hombres, este oráculo de las divinidades femeninas, estos textos, este "despertar de las diosas", es un manual de enseñanza sobre los múltiples arquetipos y es un retorno a la vibración de las divinidades femeninas, que pretende ser una forma de comprensión de la amplitud, extensión y misterio de los rangos y rasgos del ser femenino. Se facilita el contacto de una manera lúdica, entretenida, con toques mágicos y sugerencias, recomendaciones y consejos para cada una, a través de los mitos, símbolos, mensajes, características psicológicas, meditaciones, imágenes, frases, talismanes e invocaciones para cada deidad. Agrego también rituales para activar a la diosa que más necesitamos hacer crecer dentro de nosotros.

Mi motivación principal al hacer este libro es lograr una comprensión directa y vivencial de los arquetipos femeninos universales. Comprender la mitología de la Diosa que existió en todas las antiguas religiones es una forma de autoconocimiento y aceptación de sus potencialidades, ambigüedades y vericuetos, que se traducen en la inmensa creatividad fundamental del mundo femenino y en su fortaleza como sustentadora del planeta Tierra.

El oráculo de las diosas funciona en forma básica como oráculo, con una síntesis para cada deidad. Allí se anota su sabiduría más importante junto con su origen, las tendencias y energías, los símbolos, los colores, un mensaje, así como una oración, destinados a incorporar a la diosa con más facilidad. Sugiero que al finalizar la lectura de la descripción de cada diosa, si hay alguna cuyas palabras y mensajes le hacen eco, desarrolle su propio llamado desde su interioridad.

Luego, presento las características más relevantes de cada diosa, su historia y su mito, además de algunos alcances psicológicos e históricos. Sugiero un significado asociado a la divinidad escogida, si aparece en sus lecturas o simplemente le provoca su imagen, o si les resulta a través de los números equivalentes a las letras de su nombre. Si es clara la necesidad de incorporarla dentro suyo, puede utilizar un ritual e invocación y repetir, como un mantram (sílaba sagrada en sánscrito) —inspirando y exhalando muchas veces, muy conectada con intención, fe y convicción—, la frase talismán y llevar consigo un objeto o amuleto que se la recuerden en el día a día.

Selección de las divinidades

La gran cantidad de diosas existentes me alentó a seleccionar en un principio a doce de ellas, que representan las tendencias más significativas; además, ese número señala el fin de un ciclo. Las elegidas eran las más conocidas de Grecia, Roma y otras culturas, y sus presencias se mantienen.

Con el fin de especificar y ampliar la comprensión de las deidades, más el impulso que sentí de parte de las participantes en los talleres vivenciales en que develo sus arquetipos, decidí incrementar el número de diosas.

Otras deidades significativas de la magia de lo femenino y lo sagrado que fueron llegando a mí, son las diosas del agua pertenecientes al panteón africano yoruba, que existe como religión sincrética en algunos países latinoamericanos como Brasil, Cuba y Colombia, y que son muy atractivas por su energía, música, cimbreantes danzas, expresión corporal e instrumentos asociados. Son protagonistas de procesiones multitudinarias Yemanyá, Oshún y Oya, cuyas expresiones y musicalidad son contagiosas, positivas y energizantes.

De este modo, entonces, presento un total de 28 deidades —todas manifestaciones de la Gran Madre—, apoyada en las recreaciones de divinidades de las distintas cosmogonías, buscando que ellas nos conduzcan más y más hacia nuestro encuentro esencial, representando cualidades y calidades, además de las sombras en un amplio espectro. Es probable que la elección de estas deidades tenga que ver con las que yo misma necesitaba desarrollar, puesto que las vivenciaba con música y meditaciones mientras se gestaban. Algunas tienen aspectos parecidos entre ellas, aunque evocan diferencias sutiles.

Seleccioné las siete primeras divinidades siguiendo la clasificación que hace la psiquiatra junguiana Jean Shinoda Bolen en su libro *Las diosas dentro de cada mujer*, disponiendo como primera deidad a Gaia, la primigenia y diosa de la naturaleza. Cada arquetipo tiene su propia área de influencia y cada una se puede invocar para situaciones específicas. Las tres diosas siguientes son las vírgenes e incorruptas, luego continúan las tres vulnerables y emocionales, y Afrodita, la deidad alquímica.

Enseguida, nació la categoría de las diosas de gran fortaleza personal, que tienen en común el amplio poder de la creación. A ellas encabeza Isis. Se presentan después las deidades de la sanación, por su inspiración de alegría y contacto con la vitalidad de la vegetación, las aguas, los sonidos y la música. Más adelante, las diosas de la sombra u ocultas, que nos hacen percibir nuestra polaridad: tras la oscuridad está la energía a raudales que, al ser reciclada y bien empleada, provee de mucha purificación, fluidez de la capacidad de asumirse en totalidad.

Por último, dos deidades de la infinita compasión, de la mitología oriental: Kuan Yin y Tara, quienes representan la energía crística expresada en enorme generosidad y gracia. Para finalizar, la diosa de la buena suerte, Lakshmi.

A las 28 diosas las introduzco con un cierto ritmo y una secuencia que recomiendo seguir para abordarlas. Este número posee connotaciones importantes: el dos más el ocho suman diez, que es un número de totalidad, de término de un sendero, puesto que involucra el 1 (el primer acto creativo de la divinidad sobre la tierra) más el 0. Si miramos el aspecto astrológico, el número 28, como edad, es un nuevo nacimiento: transita el planeta Saturno nuevamente por nuestro signo aniversario. Es una segunda oportunidad, de mayor madurez y adultez en la vida de cada uno. Revisen sus historias y verán que a muchas y muchos les pasó algo muy definitorio en esa etapa, poco antes de los 30 años. Por último, 28 son las lunaciones del mes.

Su nombre: una Diosa

Podemos jugar con la posibilidad de ver qué diosa nos representa, usando una fórmula básica, y de acuerdo al nombre o al diminutivo más familiar con el que nos nombran, sea un apodo o un nombre espiritual entregado por un maestro o recibido en un sueño. De esta manera, podremos determinar qué diosa nos es afín. Incluso, se puede jugar con una segunda y tercera, de acuerdo a los segundos nombres y los apellidos. Esto agrega una información y no se contrapone al significado de algunos nombres.

Existen muchos sistemas de numerología, incluso la relación de los números con el alfabeto. Optamos por esta tabla, que es la más establecida, universal y frecuente que existe y que fue creada por el maestro griego Pitágoras, la cual se utiliza desde aquellos tiempos:

Alfabeto numérico

1	2	3	4	5	6	7	8	9
A	B	C	D	E	F	G	H	I
J	K	L	M	N	O	P	Q	R
S	T	U	V	W	X	Y	Z	

Las letras dobles, Ch, Ll, Rr, se traducen como dos letras simples y la Ñ tiene el equivalente numérico de la N.

Entonces, concorde a la numeración de las diosas seguida en el oráculo, una manera de calcular la que le corresponde, es sumar las letras de nuestro nombre o apelativo. Efectuamos la operación en forma vertical y luego reducimos el resultado para llegar a una cifra igual o menor que 28. Por ejemplo, en el nombre Viviana, la V vale 4; la i, 9; la v, 4; la i, 9; la a, 1; la n, 5 y la a, 1. La suma vertical da 33, si se suman el 3 y 3 dan 6. Viviana corresponde, entonces, a la diosa número 6, es decir, a Démeter, el arquetipo máximo de la madre.

Si no quedaras conforme con la diosa relacionada con tu nombre, alguna vez encontrarás el porqué de ello, pues finalmente todas anidan en ti. Mientras, puedes seleccionar otra divinidad siguiendo el primer diagrama, que he definido como orientación guía o la tirada para el día.

A través del color, la utilización de símbolos y, sobre todo, la acción de la diosa recreamos este juego oracular y experimental con las vivencias de ella en cada lector o asistente a un grupo o taller. Incorporamos algunos mapas de diagnóstico, orientación, significado y preguntas sobre la historia vital de la deidad en cada persona. Estas sirven para activar los recuerdos y destacar fases de la vida, estimular la comprensión de los comportamientos de la adolescencia, las épocas de plenitud y sabiduría. Conviene componer un altar cuando se pregunta al oráculo y efectuar alguna relajación de las sugeridas para cambiar el espacio y conectar más profundamente con el inconsciente.

Las mujeres estamos funcionando siempre, de manera simultánea, con varios arquetipos, y con unos más que otros. Podemos revisar su funcionamiento en nuestras vidas y, en especial, estar alertas a descubrirlos y reconocerlos en nuestras diversas etapas evolutivas. Recomiendo llevar un cuaderno de las diosas al leer este libro y practicar sus orientaciones y de esta manera, conformar una pequeña autobiografía con nuestras cambiantes experiencias, una especie de diario vivo.

3. Las 28 diosas

Diosa Primigenia
1. Gaia. Leyenda universal existente de todas las cosmovisiones.

Diosas Vírgenes e Incorruptas
2. Artemisa o Diana. Arquetipo de la Libertad y del Discernimiento, protectora y hermana de la tribu. Mitología griega y romana.
3. Atenea. Arquetipo de la Sabiduría, la Inteligencia y, a la vez, la protectora de las Artes. Mitología griega y romana.
4. Vesta. Arquetipo del Círculo, de la Espiritualidad y del Hogar. Mitología romana y griega.

Diosas Vulnerables y Emocionales
5. Hera. Arquetipo del Compromiso, la Familia, el Matrimonio, la Sociedad. Conviven en ella su gloria y majestad como deidad y su resentimiento casi humano. Mitología griega y romana.
6. Démeter. Arquetipo de las Emociones y los Sentimientos, junto a la Germinación y la Abundancia. Mitología griega y romana.
7. Perséfone. Arquetipo de la Sacerdotisa de los Mundos Ocultos. La Vidente, la que cuida su morada. Mitología griega y romana.

Diosa Alquímica
8. Afrodita o Venus. Arquetipo del Enamoramiento, de la Belleza y el Amor. Las distintas etapas del arquetipo a lo largo de la vida: encantarse, transformarse. Mitología griega y romana.

Diosas de Gran Fortaleza Personal
9. Isis. Reina Egipcia Creadora. Arquetipo del Gran Todo, de la Integridad. La deidad de los Diez Mil nombres. Mitología egipcia.
10. Freya. Arquetipo del Poder y del Cambio. Mitología nórdica y cercana al lenguaje de las runas.
11. Pachamama. Arquetipo de la Tierra y su Fertilidad. Mitología andina de Ecuador, Perú, Bolivia, norte de Chile y Argentina.
12. Hilandera. Diosa Creadora. Mitología indígena norteamericana.

13. Oya. La Fuerza de la mitología yoruba celebrada en Nigeria, Brasil, Cuba, Colombia y otros países.
14. Coatlicue. Arquetipo del Dominio y de la Pena. Milotogía azteca de México.
15. Amaterasu. Arquetipo japonés de la Belleza y la Verdad. El juego del espejo. Gustarse. Mitología japonesa.

Las Diosas de la Sanación
16. Birgit. Arquetipo del Fuego, la Poesía, la Forja y la Sanación. Mitología celta.
17. Flora. Arquetipo de la naturaleza, la vegetación y la primavera. Mitología romana.
18. Yemanyá. Arquetipo del Agua de los Océanos. Mitología yoruba nigeriana, brasilera, cubana, colombiana.
19. Oshún. Arquetipo del Poder del Agua de los ríos y vertientes. La Belleza y la Sensualidad, el amor a la fluidez. Mitología yoruba, de Nigeria, Cuba, Brasil, Colombia y otras naciones.

Las Diosas de la Sombra
20. Hécate. Arquetipo de la Sabiduría Profunda, de la Luna Negra, la que tiene tres transmisiones energéticas diversas y la encuentran los caminantes. Mitología griega y prepatriarcal.
21. Inana. Mito de las Siete Puertas. Descenso al mundo de los muertos. El número siete. Mitología de Sumeria y Babilonia.

22. Lilith. Arquetipo del Poder Femenino. Mitología hebrea.
23. Kali. Arquetipo de la Creación y la Destrucción. Representa la vida y la muerte. Mitología india.
24. Sekhmet. Arquetipo de la Violencia y la Ira. Mitología egipcia.
25. Pelé. Arquetipo del Fuego, de las Explosiones y de la Rabia. Mitología hawaiana.

Diosas de la Compasión
26. Kuan Yin. Arquetipo de la Compasión y la Misericordia en su máxima expresión. Mitología oriental.
27. Tara. Arquetipo de la sanación y la meditación. Mitología budista.

Diosa de la Buena Suerte
28. Lakshmi. Arquetipo de la Abundancia, la Buena Fortuna y la Opulencia. Alegría. Festival de Divali en la India. Mitología india.

4. Sentido de la interpretación

Nuestra intención y confianza son lo más importante; la respuesta la podemos leer entrelíneas, en sus mensajes, leyendas, características, símbolos y colores que contiene, en los rituales que sugiere seguir por unos días. La expresión de la diosa y los contenidos desarrollados indican la necesidad de centrar nuestra atención en esa energía. Por otra parte, se puede complementar con la visión sabia de las deidades escogidas en una sesión de Tarot, de runas, con la lectura de nuestra carta astral o con una sesión de terapia o de masaje.

Si nos cuesta contactar con la divinidad elegida, dejaremos pasar un par de días y volveremos a solicitar su visión y su consejo, y a observar cómo funciona el arquetipo en nosotros, en nuestra vida diaria. Ello puede resultar muy revelador y puede entregarnos verdades sobre nosotras mismas y sobre nuestra forma de involucrarnos en ciertas situaciones.

Los rituales y las frases talismanes que se sugieren tienen por objeto estimular y hacer penetrar la energía de la diosa seleccionada en cada uno de nosotros, así como estimular su reconocimiento. Se trata de mirarse en las diversas etapas e incorporar a la diosa que nos hace falta porque nos salió, nos motiva o nos llega su arquetipo, a través de la imagen que la ilustra. Si nos aparece al revés significa que estamos listas para su incorporación.

Si hemos sido muy Atenea, muy ocupadas de la claridad y la justicia, o muy Hera, dedicadas en cuerpo y alma sólo al marido, quizá sea muy estimulante el descubrimiento de otro arquetipo para volvernos más venusianas y entusiastas. O tal vez nos convenga asumir características de Tara, la diosa verde de la medicina en la mitología budista o Birgit, diosa de la inspiración y la musa de los artistas. Estos arquetipos nos pueden resultar reconocibles en sus rasgos, por lo tanto son necesarios para aceptar y expresar el amplio espectro de cada lector. Las diosas sincréticas, mezcla de la mitología yoruba adaptadas a la América morena y cristiana, representan una fuerza vivaz, una alegría y fluidez que resultan casi una danza y nos impregnan de liviandad, gracia y potencia.

5. Formación de un altar

Es conveniente tener un espacio determinado para consultar a las divinidades. Allí crearemos un altar. Este se puede convertir en nuestro centro de poder, desde el cual nos conectemos con nuestros guías, maestros, deidades, fuerzas superiores, ojalá evitando ser interrumpidos en esos minutos u horas.

Para lograr un ambiente sagrado conviene escoger algún lugar apartado de la casa, que posibilite ser un sitio de meditación y de encuentro con el interior. Un altar es un espacio que se carga con la energía de uno mismo y de quienes se invoca cuando se trabaja allí. Si no hay un lugar íntimo y alejado, se puede armar sobre un velador, en un escritorio o en algún rincón.

El altar se construye con objetos de materiales naturales (no plásticos), fotografías o cartas que nos sean significativas; se colocan velas cuyos colores tengan que ver con los cuatro elementos, representaciones del fuego, el aire, el agua y la tierra. Por ejemplo, una vela como luz, fuego y un incienso prendido; una daga o espada para convocar el aire; una copa llena con agua para este elemento; plantas, monedas, cristales y piedras simbolizando la tierra. Por último, en el centro se coloca un espejo, que representa el poder de la Luna. Además, flores, joyas, cristales, gemas y piedras de colores, botellitas de aromaterapia, imágenes de nuestro signo, la ilustración de algunas deidades, maestros y guías espirituales. Se pueden agregar fotografías de nuestros antepasados, de nosotros en la niñez y adolescencia, de momentos significativos y personas amadas; también podemos disponer allí el diario de vida, el libro de sueños, un trabajo creativo, cartas, un cuaderno de las diosas, escritos, algún otro juego de poder, caracolas, etc.

Es nuestro lugar de oración, de contacto con lo superior, el cual al estar dedicado a nuestra interioridad se va cargando de energía mientras más lo utilizamos. Lo formamos poco a poco y lo vamos transformando. Una vela sola también puede cumplir con la intención de comunicación sagrada y, si se quiere, se agregan algunos de los elementos señalados. La música adecuada apoya en la inducción de interioridad, de alegría, movimiento, festividad y paz.

6. Técnicas para entrar en contacto con la Madre Cósmica

El sentido de organizar estos ceremoniales es la entrega invisible y permanente hacia la Diosa Primigenia. Buscamos un ambiente tranquilo que nos inspire paz y serenidad —donde puede estar nuestro altar—, con el propósito de crear un pequeño templo para tomar contacto con nuestro inconsciente que, de alguna manera, conoce nuestras necesidades y responderá a nuestras inquietudes a través de los arquetipos de las diosas.

Debemos prender la vela de la vida como símbolo de la luz, la claridad y la iluminación que queremos alcanzar, y también una vara de incienso, palo santo o esencia de aceite de aromaterapia. Nos damos unos minutos para introducirnos con una música suave que nos resulte muy placentera.

Se sugiere mantener la columna erecta, sintiendo que la energía circula desde la coronilla hasta el hueso sacro y cóccix, al final de la espalda. Comenzamos a respirar, siempre en cuatro tiempos: inspirar, mantener, exhalar, volver a inhalar, detenerse y, así, sucesivamente.

Puede haber una facilitadora o guía que se haga cargo por turnos de las sesiones experimentales con el oráculo. Se sugiere inducir una relajación con su voz y sus palabras, acompañada de una música especialmente adecuada para lograr estados gratos que nos ayuden a la distinción del acontecer cotidiano y nos apoyen a utilizar nuestra intuición y vivencia interior.

Antes de comenzar puede ser recomendable practicar, por unos 20 minutos, alguna disciplina que combine respiración con movimientos, para sentirse más dinámica y energética (como tai chi, yoga, chi-kung, psicocalistenia, danzas sufíes o árabes, natación, cantos, rezos, meditaciones budistas japonesas, chinas o tibetanas, taoístas, etc.). Existen ahora en todas las ciudades innumerables centros a los que se puede acudir para lograr una formación seria en estas técnicas. Constantemente nos visitan monjes, maestros, terapeutas, investigadores, cultivadores de estas artes, quienes transmiten la tradición y la vibración de estas culturas y con los cuales se produce una conexión profunda, inmediata y de un buen nivel de seriedad en el estudio y aplicación de ellas, en especial si existe una continuidad por parte del practicante. El cultivo de estos sistemas y la participación en otros talleres de desarrollo personal, psicoterapia y crecimiento ayudan a que las experiencias, rituales e invocaciones que se sugiere realizar no resulten demasiado extemporáneos y así el movimiento energético y de conciencia que producen tenga una especie de asidero, una base de apoyo en el proceso de evolución y de conciencia que se está buscando. Con ello se podrá alcanzar una calidad de vida más satisfactoria, con una mayor congruencia entre lo interno y lo externo. Son muy útiles, en caso de que alguno de los rituales "dispare" demasiado los sentimientos y las emociones de los asistentes, pues proveen de contención, tal como el grupo, que, además, establece una base de amor y balance.

Muchas de las meditaciones que se sugiere utilizar fueron diseñadas por el maestro indio Bhagwan Shree Rajneesh, conocido ahora como Osho. En su libro *Meditaciones* se encuentran 108 de ellas, las cuales, al ser seleccionadas y practicadas cotidianamente o al menos por 21 días para lograr un cambio, sirven para conseguir profundidad y experiencias vitales. Las más recomendadas son la Dinámica, la Nataraj y la Kundalini. También, si se cuenta con instrumentos musicales, en especial tambores, se puede llegar a una entrega más ancestral de los integrantes del ritual. Música africana, tropical y muy energética produce el mismo estímulo para expresar estos estados de purificación y de limpieza; asimismo, para lograr la expresión de pena, ira, alegría, melancolía o lo que esté sucediendo en cada persona por dentro.

Los elementos y el aura

Prendemos una vela a cada uno de los espíritus guías y guardianes de los cuatro elementos, dirigiendo nuestras peticiones relacionadas con la energía que nos inspira cada uno de ellos y, en especial, con aquella de quien necesitamos más en los momentos del ritual y en comunión consigo misma o con las demás personas que participan en él. Vamos haciendo resonar la palabra, el verbo que nos inspiran el fuego, el aire, el agua y la tierra.

El Fuego, expresado como un basto de poder ardiente o un falo masculino del cual emergen hojas, es relacionado en los países del hemisferio sur con la dirección norte, el Yang, lo ejecutivo, lo activo, lo masculino, lo vital, el sexo, la creación, el Sol, la creatividad, la energía básica, los colores rojo, naranja y el amarillo intenso. Es el chacra básico o de raíz.

Hacia el hemisferio sur nos encontramos con la Tierra, representada por los pentáculos, las piedras, los diamantes, señalando lo concreto y material, los talentos, las herramientas, las profesiones, los dineros, la salud y el cuerpo materia. Otra forma de contemplar los oros, de color amarillo, marrones y naturaleza de verdes vegetales y flores es que son un resumen de la experiencia acumulada y anidada en el ser. Se relacionan con la sabiduría y la alquimia que se efectúan en los actos y la evolución personal de cada uno.

Al oriente —en Chile hacia la cordillera—, llamamos a los guías de las espadas que representan el Aire. El pensamiento, las ideas, la razón, el equilibrio, la lucha hacia adelante, la claridad, la luz de lo que nos corresponde. El balance representando la justicia con la espada de dos filos: el uno, del rigor y la severidad; el otro, del perdón y la misericordia.

Al poniente están los océanos y mares, ríos, afluentes, corrientes y manantiales, sinónimos del Agua que lo recorre todo, espejo de lo fluido, lo purificador, las emociones, el amor, la inspiración, lo espiritual, las sirenas, el dios Neptuno de las aguas subterráneas en las cuales se baña el inconsciente.

Se agrega a los anteriores el elemento éter, que es el Aura, la energía que emerge del ser humano, que cambia sus colores, formas y radiación de acuerdo a la frecuencia o energía más sutil de los chacras.

Cada participante, si es un ritual entre varias personas, expresa la energía que desea recibir o canalizar en voz alta, con la firme intención de incorporarla, confiando en los misterios y en la magia de la Diosa, que es la más grande inspiradora y de la cual emerge todo. Además, invocamos las principales características del signo del zodíaco que nos está aspectando, recordamos la fase de la Luna y el signo del mes en que se encuentra. La Diosa es volátil y soñadora al igual que la Luna.

Nuestro santuario

Este es un espacio real o fantaseado, generalmente en medio de la naturaleza, en el cual nos recluimos para encontrarnos con nosotras mismas. Es creado por nuestra imaginación y es un lugar apacible, seductor, protector y nutricio, visualizado mentalmente. Si no lo tenemos claro, lo recreamos a nuestra manera: nos relajamos profundamente bajo el manto sagrado de la Diosa y de los cuatro elementos, invocándolos antes a todos. Luego, grabamos nuestra propia voz junto a trinos de pájaros, sonido de olas o corrientes de agua, canciones corales, en una inducción. Se sugiere la siguiente:

1. Relajar el cuero cabelludo, cada cabello de la cabeza desde las raíces hasta el final; relajar la frente, el ceño, el lugar donde reside nuestro tercer ojo; relajar toda esa zona y dejar caer nuestras sienes hacia ambos lados del rostro.

Sentiremos cómo penetra el aire por nuestras fosas nasales. Debemos buscar extraer del aire lo más puro y fino, el chi, la energía sutil, el prana y, luego, exhalar. Relajar los pómulos suavemente y dejar caer las orejas hacia los lados. Vamos sintiendo la entrega.

2. Relajar el labio superior de la boca, el paladar, los dientes, las encías y toda la zona interior del rostro. La lengua, desde su nacimiento en la garganta y todo el músculo, se apoya en el paladar superior o inferior, donde resulte más cómodo. Relajar toda la mandíbula inferior, el maxilar, los dientes, las encías, el paladar, el mentón, la barbilla. Conviene considerar las orejas y relajar todo el rostro. Sentir la piel tersa y nuestra entrega a la tierra, donde yacemos o estamos sentados.

3. Relajar la nuca por atrás, toda la zona de la espalda y los brazos. Relajar el hombro derecho, el brazo, el codo, el antebrazo, la muñeca, la palma de la mano, el dorso, los dedos: el pulgar con sus dos falanges, el índice y sus tres falanges, el dedo del medio, el anular, el dedo meñique. Ahora, el otro lado: el hombro izquierdo, el brazo, el codo, el antebrazo, la muñeca, la palma de la mano, el dorso, los dedos: pulgar, dedo índice, dedo del medio, anular y meñique, todos con sus respectivas falanges.

4. Ahora vamos al cuello por adelante, la garganta, la laringe, la faringe; atrás, la nuca, el cuello y toda la espalda. El pecho, visualizamos

su centro, donde está alojado el órgano más importante, el que insufla la vida. Visualizamos el corazón del tamaño de un puño de la mano, de color rosado. Relajamos en la exhalación toda la zona del centro cardíaco.
5. Visualizar el bazo a la izquierda y el hígado a la derecha y, en el centro, más hacia el interior, el páncreas. Relajar el diafragma, el estómago mismo y todos los órganos de la cavidad abdominal: intestino delgado, intestino grueso —colon ascendente, transversal y descendente—. El aparato reproductor: el útero, las trompas y los ovarios. Todos los órganos de la cavidad pélvica. Sentimos los isquiones, que son los huesos de los glúteos, apoyados en el suelo y desparramos las nalgas generosamente hacia la tierra o el apoyo del sofá o silla. Relajar las ingles, la izquierda, la derecha, los muslos por adelante y por atrás, las rodillas, las pantorrillas, las canillas, los tobillos, los empeines, los pies, las plantas y los dedos de ambos pies: pulgares, dedos índice, del medio, anulares y pequeños meñiques. El cuerpo en su totalidad.
6. Repasar suavemente la imagen del cuerpo, por si existe algún área que necesite de nuestra mayor atención. Entonces, repetir: cabello, cabeza, rostro, ceño, ojos, sienes, orejas, fosas nasales, mejillas, paladar, mandíbulas, boca, barbilla, nuca, espalda, cuello, brazos, antebrazos, manos, corazón, torso, cintura, órganos interiores de la cavidad abdominal, órganos

sexuales, de la cavidad pélvica, glúteos, ingles, rodillas, piernas, pantorrillas, tobillos, pies, empeines, dedos y plantas de los pies. Luego de estar unos 10 minutos en silencio y recreando el santuario, con flores, lagunas, lo que se nos ocurra, se toca una campana o un gong. Se puede compartir, si se está en grupo, el santuario creado.

Los chacras: centros de energía

La meditación de armonización de los centros de energía del cuerpo relacionados con las diversas glándulas endocrinas, los chacras, es otra experiencia que se puede practicar, considerando los aspectos que revisaremos a continuación.
En sánscrito, chacras significa ruedas de fuego. Efectivamente, los siete chacras son centros de luz de diferentes colores, que giran en el sentido de las agujas del reloj. Son llaves de fuerza y canales de energía. Se representan por una flor de loto y se diferencian entre sí de acuerdo al número de pétalos y colores y conforme a su relación con las glándulas endocrinas del cuerpo. Existen otras significaciones relacionadas con ellos, como las notas musicales, los sonidos de las vocales u otros mantram. También tienen conexión con los yantras, que son símbolos condensados del cosmos que se utilizan para meditar.

1

Color: Rojo
Localización: En la base de la columna vertebral, el periné, que es el piso de la pelvis, entre el sexo y el ano
Glándulas relacionadas: Gónadas
Sonido vocal: O
En sánscrito: Muladhara
Características: Enclava al individuo con la Madre Tierra, con el deseo de supervivencia, con el mundo físico y práctico, con la vitalidad del cuerpo, con el deseo de ser, con la sexualidad. Al asociarse con el color rojo, su intensa vibración refuerza lo físico, las fuerzas en todo nivel, el calor y la energía primigenia. Allí se encuentra la kundalini, energía enroscada en forma de serpiente que se debe despertar y que llega a la parte más alta de la cabeza, en la cual, cuando se desarrolla, aparece el halo o el aura.

2

Color: Naranja
Localización: Cuatro dedos bajo el ombligo
Glándulas relacionadas: Páncreas, hígado
Sonido vocal: E
En sánscrito: Hara, Svadhistana Tantien (sabiduría china)
Características: Se le asocia con el sentido del ser, con el encuentro entre el cielo y la tierra. Situado en la mitad del cuerpo humano, se dice que es una puerta entre la vida y la muerte. Tiene relación con los placeres físicos, con los hábitos sexuales, con los procesos de asimilación y de eliminación. Se relaciona con los deseos de la voluntad y con el poder personal. Su color infunde optimismo y deseos de aventuras.

3

Color: Amarillo
Localización: En medio del plexo-solar
Glándulas relacionadas: Hígado, bazo, suprarrenales
Sonido vocal: HA
En sánscrito: Manipura
Características: Tiene que ver con el sentimiento de identidad personal, de confianza en uno mismo y de la emotividad y relaciones con otros seres y el universo. También se entienden estas significaciones en un nivel de comunicación intelectual. Su color posee una estimulación suave, vibrante, optimista y confiada, cualidad relacionada habitualmente con el Sol. Ayuda a sentir el lugar que ocupa uno en el universo.

4

Color: Verde / Rosado
Localización: Sobre el corazón
Glándulas relacionadas: Timo
Sonido vocal: AH
En sánscrito: Anahata (silencio)
Características: Su significación más inmediata es la capacidad de desarrollar compasión y entendimiento hacia toda la gente y, también, hacia uno mismo. Amor universal, incondicional; el perdón, la tolerancia, la armonía, la inteligencia superior y la compasión son muy importantes en este chacra. Tiene que ver con la inmunidad a las enfermedades.

5

Color: Azul turquesa
Localización: Garganta
Glándulas relacionadas: Tiroides Paratiroides
Sonido vocal: U
En sánscrito: Vishudha

Características: Expresa la capacidad creativa, de comunicación e imaginación, ideas manifestadas originales y únicas del ser. También tiene que ver con la capacidad espiritual de dar servicios a los demás, con una función vital de nuestra estadía terrenal. Su color azul índigo atrae paz mental, comprensión y balance del sistema nervioso.

6

Color: Violeta o lila
Localización: Frente
Glándulas relacionadas: Pituitaria
Sonido vocal: I
En sánscrito: Ajna
Características: Este chacra, llamado también del tercer ojo o del sexto sentido, es el asiento de la intuición, de la visión interior y de la percepción. Se lo asocia al inconsciente. Tiene que ver con la clarividencia, el idealismo, el ser interior, la sanación psíquica. Estimula y expande la transmutación hacia la espiritualidad. Además, se le relaciona con la glándula pineal, donde se reúnen importantes procesos del ser humano.

7

Color: Blanco radiante
Localización: Coronilla
Sonido vocal: OHM
En sánscrito: Sahasrara Chacra de los Mil Pétalos
Características: Corresponde a la energía más alta, al surgimiento de nuestra identidad básica, al sentido de esencia y la universalidad del individuo. Cuando este chacra está en perfecto equilibrio nos permite gozar de un sentido de paz infinita, felicidad y trascendencia. Es el centro de la corona de la gracia y espiritualidad superior. Se relaciona con la iluminación, conciencia, despertar, totalidad, silencio e integración del Todo: físico, mental, emocional y espiritual.

7. Oraciones universales a la Diosa

Luego de unos minutos de silencio, de descanso, nos dirigimos a la Diosa y la invocamos. Entregamos a continuación algunas oraciones recopiladas de diversos textos. Son llamados diseñados para introducir la temática en cada uno de los encuentros con las deidades, especialmente si estamos trabajando en grupo. Sirven para activar dentro de uno mismo el canto a la Diosa, la vibración con ella.

A la Gran Madre: La Tierra Sagrada
Oh, Gran Madre y Diosa Universal, báñame en tu luz.
Enséñame a renovarme cada día y ayúdame en
mis ansias de conocimiento para que yo llegue a ser
un ser más completo.
Sé que mi vida comienza y termina en tus amantes
   manos.
Ayúdame a conocer mis propios poderes especiales
para que los use de las maneras más positivas.
Siente mi alegría y escucha mi plegaria,
mientras celebro las maravillosas bendiciones
que tú nos entregas momento a momento, en el día a
   día.
   (Calendario Editorial Llewellyn, 1998)

Yo que soy la belleza de la verde tierra.
Y la Luna blanca entre las estrellas.

Y los misterios del agua.
Llamo a tu alma para que se levante y venga a mí.
Pues soy el alma de la naturaleza que da vida al universo.
Todas las cosas de mí proceden y a mí deben retornar.
Considerando que todos los actos de amor y placer son mis rituales,
Permitan mi veneración en el corazón que se regocija.
Permitan que haya en vosotros belleza y fuerza, poder y compasión,
Amor y humildad, gozo y reverencia.
Tú que anhelas conocerme debes saber que tu búsqueda
No será provechosa a menos que conozcas el misterio:
Si lo que buscas no lo encuentras en ti
Nunca lo hallarás fuera…
Yo he estado contigo desde el comienzo
Y soy el logro final de tus deseos.
(Poema de Starhawk, escritora norteamericana, en la versión del Tarot Madre Paz, de Vicky Noble, publicado en Chile por Editorial Cuatro Vientos)

Un dios y una diosa es uno que ha aprendido
el secreto de la felicidad en contacto con la totalidad.
Con cada flor y con cada río. Y con cada roca y con cada estrella.
Alguien que ha devenido uno con las continuas y eternas celebraciones.
Alguien que celebra. Uno que no se ocupa de nada, su celebración es esta, aquí y ahora.
Él o ella participan en cualquier lugar en que haya celebración.

*Para ser feliz con gente feliz tú creas la situación
en la cual tu propia flor interna comienza a florecer.*
    (Osho)

Madre Luna, tu halo húmedo y fecundo
genera toda la vida y el fluir de las mareas.
Eres el espejo de la Gran Diosa
en el que se refleja su propia creación.
Diosa de los antiguos calendarios,
patrona de las mujeres, cobíjame en tu círculo
así como lo has hecho con mis antepasadas.
Mis brazos se elevan en alabanza y devoción,
ya que tu protección ilumina el misterio más secreto:
Mi propia luz interior.
    (Oración a la Luna llena, publicada por el
    Círculo argentino "El caldero", Editoras Adriana
    Aguzzi y Claudia Vico)

Gran Diosa, hoy te invoco,
Gran Diosa, hoy te invoco,
Gran Diosa, hoy te invoco:
¡Que el contacto contigo sea revelador y
me enseñe los espacios que necesito ver!
¡Que me haga conocerme y aceptarme más,
que el hecho de descubrirte,
me ayude a ampliar mis visiones!
¡Que me impulse a elegir una mejor calidad de vida!
Que me lleve a darme más permisos básicos,
hondos y esenciales.
A reconocer mi ser profundo y amoroso,

*a la vez que me estimule a asumir su fuerza desde las
    raíces.
Pido sentir, permanentemente,
todas tus bendiciones, Gran Diosa, y encontrarte
en cada momento que lo necesite.
Pido confiar en el centro del corazón
y que mi comunicación con los otros
sea desde allí,
desde mi corazón, ahora, y por siempre,
Amén*
    (Invocación a la Diosa. "Oráculo de las Diosas",
    publicado en revista *Elle*, febrero de 2001, Santiago
    de Chile. Nueva versión de Silvia Selowsky)

*Yo soy soberana.
Tengo el coraje de todas las diosas.
La energía de la bruja vive en mi interior.
Mía es la espada de la luz, la verdad y la potencia.*
    (Poema del escritor L. Cabot, publicado en "El
    caldero")

*Gracias a las millones de bendiciones que
tú me concedes,
agradezco poder aprovecharlas.
Oh, Gran Madre, yo sé que mi mundo
comienza y termina en
tus generosas manos.
Permite que perciba mis poderes,
su fuerza y su poder real,
para que los pueda utilizar*

para servir a otros.
Te entrego mi alegría,
escucha mi plegaria a ti,
mientras yo celebro los millones de
bendiciones que tú me entregas.
    (Anónimo africano, publicado en "El caldero")

A Ella que nos conduce a la cueva de
nuestra propia oscuridad y nos trae
de vuelta con la luz de nuestro propio ser.
¡Oh! Madre universal
que guardas desde siempre tus fundamentos profundos,
la más antigua de las cosas, te canto a ti…
¡Madre de los dioses, esposa del estrellado cielo…!
    (Recopilado por Alejandra Weissman)

Para el hombre, esa diosa es el ánima,
esa figura todopoderosa, aterradora y bella que
le llama desde las puertas de su inconsciente y
lo invita a emprender el viaje heroico
hacia su psique para encontrar el grial,
el ser divino que está dentro de uno mismo
    (Viviane Crowley, autora del libro Wicca. La religión antigua de la nueva era)

Son las hermanas de las Viejas Abuelas perseguidas.
Todas ellas, las muertas y las vivas, están todavía con nosotras.
Sus espíritus y sus obras nos acompañan.
En los mejores granos de maíz que comemos cada día.

*En las fresas y piñas. En la vid. En las hierbas
  medicinales.*
En el cactus, en los hongos. En las enredaderas sagradas.
En sus descendientes.
O sea en nosotras mismas.
  (Extraído de Las Ancianas Sabias están con
  nosotros, por Danilo Antón, desde México)

*Bruja de la noche, bendíceme con la visión de la
  sabiduría,*
unge mi frente
*Anciana de la Luna. Otórgame tu instinto, unge mi
  abdomen.*
*Diosa de la noche, ayúdame a pensar de forma clara y
  acertada,*
unge mi cabeza.
Madre de todos, responde a mis plegarias,
unge la zona de mi corazón.
  (De Edaim Mc Coy, una de las autoras de la
  Agenda de las Brujas, Editorial Llewellyn, 2003)

Madre Cósmica
Oh Diosa Madre:
Tú eres el misterio de la Noche
Tus destellos radiantes son el día
Infinitos reinos existen dentro de ti
La Abundancia es la esencia de tu ser
Las Bendiciones fluyen de tu ser en cascadas sin límites
*Tu Universo es la armonía con la tensión en total
  balance*

Tú estás viva, eres viva, en cada una de nosotras.
La honramos en Asia
La honramos en África
La honramos en Europa
La honramos en Australia
La honramos en Escandinavia
La honramos en América del Sur
La honramos en América del Norte.

Oración de la Mañana
Oh ¡Gran Diosa!
Bendice este día.
Mantenme a salvo y en armonía.
Oh ¡Gran Diosa!
Bendice mi camino
Ayúdame a actuar bajo el manto de tu sabiduría
Oh ¡Gran Diosa!
Bendice a mi familia
viviente en esta Tierra.

Oración Nocturna
Te agradezco, Gran Diosa, por este día
Por las bendiciones y lecciones que llegaron a mi camino
Que mi dormir sea pacífico en sueños y en descanso reparador
Y que mañana pueda hacerlo mejor.

(Estas plegarias, al día y a la noche, fueron extraídas de internet del "Proyecto de Cantos de la Diosa Dos Mil", destinado a activar la conexión con la Diosa y a unirnos en una comunidad global. Traducción de la autora)

A través de estas reflexiones poéticas, a través de los cánticos y rituales, a través de las ideas sobre la concepción y el aborto, la maternidad, la salud, el sexo, la cultura, la antropología política y socioeconómica, todas las mujeres estamos, de una manera u otra, embarcadas en esta nueva visión de nuestra historia, recuperando nuestra sacralidad y la conexión de siempre con la tierra. Llamando a una comprensión e identificación de lo femenino con lo sagrado.

Asimismo, es motivador que en una noche de Luna y/o en algún momento de inspiración crees tu expresión, tu texto o llamado a la Gran Madre. Tu ruego confiado tiene poder y ve los frutos. Sirve a muchas otras hermanas.

Las Diosas

Diosa Primigenia

*Entre el caos y la oscuridad de los comienzos,
en el vacío de los tiempos, surgió la presencia primaria
de Gaia, la madre creadora.*

GAIA
Fuente de la Vida

Cultura original: Griega, si bien es la Diosa primigenia y del origen en las diversas cosmovisiones, variando su nombre y en algo sus atributos.
Tendencias y energías: Fortaleza, contención, nutrición, sabiduría, profecía.
Mensaje: Es un tiempo de plenitud y abundancia.
Símbolos: La caverna, la cueva, la mujer, la serpiente, el dragón, la tierra, la luna, el huevo.

Colores: Tierra, verde, marrón, azul, petróleo, blanco.
Frase talismán: *El mundo está en mis manos: recupero la tierra y la naturaleza.*

Características principales

Gaia, la Madre Universal, es conocida como Gea en la mitología griega. Existió antes que todo en el universo y es la fuente creadora de toda la vida, la materia, la naturaleza y las divinidades.

El "Érase una vez" de Gaia, la chispa de sus inicios, está en el vacío de los tiempos; son los comienzos que surgieron desde el caos primordial; se dice que ella es el principio primigenio en la luz y la oscuridad. Es el espejo matriz de toda la naturaleza sobre el universo: montañas de destellos y preciosos colores, coronadas de nieves eternas, selvas vírgenes, ríos tormentosos, corrientes de agua, cascadas luminosas, océanos profundos, ríos y afluentes por doquier, animales y aves, insectos y reptiles, todo el reino vegetal con sus múltiples matices y coloridos.

Dentro de estos reinos —sin madre ni padre— emergió la creadora de la vida, la fuerza primordial, la gran madre, la madre de las madres, la de los diez mil nombres, la matriz cósmica, la madre celestial, la dadora de los hijos, el huevo de la serpiente, la energía creativa de la totalidad, la diosa de la abundancia en la Tierra. Se cree que Gaia existió antes que cualquier otra forma de vida. Se dice que la infinidad de criaturas sobre el universo, ella misma, las aguas y los océanos son encarnaciones de su ser y de toda su creación, y todas, sin excepción, un sinnúmero de vidas, en el transcurrir de los tiempos, retornarán a su útero esencial, a la tierra. "Polvo eres y en polvo te convertirás", reza el proverbio. Por ello, se la conecta con la muerte y la regeneración. Algunas palabras claves relacionadas con Gaia son: germinación, sustento, expansión, interconexión, profecía.

Leyenda y mitología

Su relación con la germinación se debe a que está escrito que Gaia, la Gran Madre, era la dueña del santuario de la montaña, a los pies del monte Parnaso, donde vivía una serpiente llamada Pitón. Por su habilidad de regenerar su piel y, por ende, de cambiar y renacer como la misma tierra, se producía un lazo mágico entre Pitón y Gaia. El planeta es el centro del nacimiento y de la regeneración, del nacer, la vida y la muerte; de la creación de semillas, hojas y frutos.

La serpiente es consideraba en diversas culturas como símbolo de la energía kundalini, energía básica del ser humano, que es la que surge en el primer chacra, de color rojo, y se va transformando, desarrollándose hacia lo alto, ascendiendo por el cuerpo del ser hasta llegar a su corazón y, luego, a su tercer ojo y a la coronilla, transformada, que se asienta en una flor de loto de mil pétalos de color blanco iridiscente. Por ello, se la considera desde siempre símbolo de sabiduría y transformación, de cambio de piel y de regeneración.

Se afirma que Gaia fue la primera vidente sobre el planeta, la primera en utilizar el oráculo, que el de Delfos le pertenecía y que sus sacerdotisas estaban a cargo de él. Incluso, la primera sacerdotisa se llamó Pitia, por la relación con Pitón, la serpiente; de allí deriva la palabra pitonisa.

Gaia fue la profetisa original, cuyas sacerdotisas presidían el oráculo de Delfos —sostienen Jill Fairchild y Regina Schaare en *Cartas de sabiduría de las diosas*, oráculo publicado en 1999 en Estados Unidos—. Delfos era considerado el *omphalos*, el centro y el ombligo de la tierra, el punto de conexión en el cual se encontraban la vida humana y la tierra y el punto en el cual se podía interpretar la sabiduría de los dos mundos. La información que se revelaba a los buscadores ayudaba en la sustentación de la vida humana en la Tierra. Luego, con el advenimiento de los tiempos patriarcales, el templo y el oráculo de Delfos quedaron a cargo del dios griego Apolo y a Gaia se la dejó sólo en la categoría de madre de los doce grandes dioses del Olimpo.

Los antiguos griegos honraban la tierra en nombre de Gaia. Las montañas y los cerros y colinas eran sus pechos; los campos, su cuerpo, del cual emerge toda vida.

Gaia —escribe Pamela Mathews en su texto *Diosas de la nueva luz*—, es la que produce todas las cosas en la Tierra y las lleva de vuelta, reciclando. Ella es la inteligencia colectiva, la entidad espiritual y material de nuestro planeta.

De su matriz hizo el cielo, al que llamó Urano, para tener compañía y amor: era su hijo y amante a la vez. El cielo tendido sobre la tierra dio lugar a muchos hijos dentro del gran útero de Gaia, pero se dice que Urano, temeroso de que resultarán más fuertes que él, no quería que los pariera. Sin embargo, Gaia tuvo a su hijo más sólido, Cronos, representante del tiempo, de los procesos de la vida y de los límites, el dios Saturno en la mitología romana, a quien se atribuye la separación permanente del cielo y la tierra.

La diosa tuvo otros hijos, algunos maravillosos y otros monstruosos, a muchos de los cuales guardó en su vientre para salvarlos del afán de destrucción de Urano. Así Gaia creó a todos los dioses y diosas del mundo griego, dando origen, de su unión con Urano, a la primera generación de divinidades. Estos eran los titanes, incluidos Cronos y Rhea, los padres de Zeus, el gran dios del Olimpo. Ella también dio a luz a los cíclopes y a los gigantes.

En el famoso oráculo de Delfos, Gaia fue adorada por las vírgenes y sacerdotisas que —a través del fragante humo de hierbas especiales, cocidas y revueltas con paciencia en el caldero— invocaban su sabiduría, sus profecías y videncias, de ahora, de antes y después. Fue la bisabuela de las diosas Atenea y Artemisa y también antepasada de Afrodita, la cual nació de los genitales amputados de Urano, que le fueran cortados por Cronos y arrojados al mar. Gaia es la abuela de las diosas Démeter, Hera y Hestia. Gaia es la madre del principio, la madre de la infancia de la humanidad.

Su presencia en sombras está siempre en el trasfondo de la mujer, conduciéndola desde la abuela a la madre y a la nieta, conectándola con el lado femenino, uterino, misterioso y germinativo de la transmisión.

Una interpretación psicológica

En términos de Sigmund Freud, el psiquiatra austríaco, creador del psicoanálisis, hace más de cien años —expresa Christine Downing, en su texto *La Diosa*— Gaia es la madre de la fantasía primordial (...) Ella es la madre que conocemos sólo cuando empezamos a anhelar una madre de la que no estemos separados, puesto que tanto en el tiempo, como en la conciencia, nos encontramos separados de la madre del presente. Ella es una criatura perteneciente a la fantasía y que se encuentra tras la madre personal, creada de memoria y anhelo, que existe únicamente en la imaginación, en el mito, de forma arquetípica, que nunca es idéntica a la madre personal. Si bien se encuentra allí desde el principio, el hecho de descubrirla lo experimentamos siempre como un regreso, un reconocimiento (...) Descubrir ese carácter arquetípico de la Gran Madre que vive en la imaginación de cada uno de nosotros hace posible, también, una relación diferente con nuestra madre personal.

El arquetipo de la madre es el mecanismo fundamental de nuestra psiquis y aparece en una infinidad de aspectos en todas las mitologías universales. Este arquetipo está enraizado en la vivencia del nacimiento y en la relación con la madre, que son comunes a toda la humanidad. Se representa el símbolo de ella en los cuentos mitológicos y en las leyendas de las más diversas culturas. Es también el arquetipo del eterno retorno, de la llegada a puerto que alude al encuentro con el sí mismo. Estas fuerzas íntimas del ser —que trascienden lo individual— tienen que ver con el inconsciente colectivo, aquellas zonas más invisibles del ser humano sin las cuales sería difícil vivir, y que indican la fortaleza de Gaia.

El arquetipo de la polaridad creación-destrucción tiene sus raíces en el ciclo mensual de la mujer —escribe Manuela Dunn—. Dos períodos cumbres marcan el acontecimiento: la ovulación y la menstruación. Durante la ovulación la mujer está en su momento más fértil. Un flujo blanco, que los antiguos llamaron el río de la vida, indica el principio de la ovulación (...) El otro punto culminante llega con la menstruación: el revestimiento interior del vientre produce un flujo de sangre que los antiguos llamaban el río de la muerte, pues es la disipación de lo que no ha sido fertilizado. Si durante la ovulación se busca un acercamiento a la pareja, durante la menstruación puede ocurrir lo contrario. Incluso en francés, el período menstrual se llama el momento de la Luna. Así, el símbolo primario de la creadora y destructora es la Luna.

De hecho, la primera medida del tiempo fue menstrual y, a partir de ella, las mujeres desarrollaron los calendarios lunares y el conocimiento de la astrología. Esta relación con la luna explica la naturaleza cíclica de la mujer y los cambios que la asedian durante sus movimientos hormonales. En algunas culturas se reúne a las que están menstruando e, incluso, se las aparta de las actividades normales de la sociedad a la que pertenecen, ya que se las considera impuras. En otras, se reconoce esta experiencia como de la máxima fuerza femenina, de días de poder, intensidad y logros, con rituales y ceremonias; para otras mujeres estos días son de contacto profundo con su mundo uterino, con su divinidad interior, con su sabiduría propia y original, con la soledad de la naturaleza.

Desde y hacia el vientre

Los símbolos más antiguos de las representaciones femeninas vinculan a la Gran Diosa y Madre Tierra con su poder de fertilidad y de dar a luz, a través de sus grandes pechos y su vientre abultado. Esto, a su vez, indica un rasgo central de la iniciación y de la transformación hacia la germinación.

Las aguas que rodean y nutren la vida del embrión en los primeros estadios del crecimiento —señala Manuela Dunn— se representan simbólicamente por la figura del círculo. Las diosas, sirenas, nereidas, náyades y damas del lago que suelen aparecer en la mitología como guardianas de los pozos, cursos de agua y calderos de la eterna juventud representan el aspecto fertilizador y amenazador del agua (...) En la mitología existen imágenes que representan la eternidad como una huida hacia el vientre materno.

El símbolo de la espiral y del canal angosto que atraviesa el niño en el trauma de su nacimiento permanece impreso en la psiquis humana durante toda la vida. Existen imágenes del laberinto y de la espiral como símbolos esculpidos en muchos de los primeros monumentos realizados por el hombre, que se han encontrado en variados lugares de Europa, que datan de la Edad de Piedra.

En algunos momentos de disolución de la conciencia del ser humano, en la aparente oscuridad en la que penetra sin la guía concreta de la luz, en instantes altos de meditación, de volcarse hacia dentro, de encuentro con destellos de inmortalidad, aparecen estas figuras simbólicas como la espiral sin fin o el círculo, el umbral, el túnel, el mar y muchas otras.

Por ejemplo, el monumento de Stonehedge en Escocia, de estructura circular, fue un sitio de adoración a la Diosa. Su forma redonda simboliza el ojo cósmico de la Madre Universal. Algunos de estos puntos tienen un sentido astronómico a través de la entrada de luz y expresan un vínculo con la trascendencia y la muerte.

Existe un movimiento llamado La Conciencia de Gaia: la Sabiduría Ecológica para la renovación de la vida en el planeta. Se dice que nació alrededor de los años 70 y que tiene una conexión profunda y significativa con la visión holística de la salvación de la Tierra: el planeta se observa como un ser vivo que necesita ser visto en su integridad vital. El movimiento Greenpeace en el mundo, los Defensores del Bosque en Chile y otros grupos afirman el despertar de esta nueva conciencia integral, donde todo es holístico e interdependiente.

Significado

Si aparece la imagen de Gaia en tu lectura del oráculo alude a tu propia universalidad, a tus múltiples potencialidades, a tu creatividad en todo orden de cosas, a tu conexión íntima y original con el mundo, tanto interno como externo, a tu armonía total e integración de todos tus caminos, a un viaje profundo y esencial, ya sea psíquico o espiritual, o también concreto, de traslado hacia un lugar que anhelas encontrar y cuya naturaleza necesitas ver. Pregúntate qué punto del universo ansías conocer.

Asimismo, la aparición de esta energía es una revelación de todas tus posibilidades, de tu capacidad de transformación, completitud e iluminación, un despertar absoluto una conciencia más elevada y profunda. Habla de momentos de creación, de plenitud, de totalidad. De silencio interior y sanación integral. Momentos que hay que disfrutar, reconocer y que van más allá de la vida cotidiana.

Existe una estrecha relación entre la energía de Gaia y el arcano 21 del Tarot, El Mundo, que alude a la potencia de realización del ser humano a través de la consecución de los cuatro caminos de los elementos y de la realización de ellos en armonía.

A continuación presento algunas preguntas para bucear en la relación, desde la infancia, con la energía de la Madre Tierra, Gaia, para indagar en los miedos, escasez, miseria, rechazo; por una parte, avaricia y acogida, fluidez, confianza, apertura a sus dones, sentido de la abundancia, del amor, del dinero, de la alimentación, de la nutrición y de la salud, por otra.

1. ¿Qué mensajes recibiste en tu pasado sobre la nutrición y abundancia en tu vida?
2. ¿Cuál fue tu relación con tu cuerpo? ¿Eras delgada o más bien gorda? ¿Tuviste que restringirte mucho en ese sentido? ¿Practicabas deportes, gimnasia u otra actividad?
3. En general, ¿sentiste que la vida te protegía?
4. En la actualidad, ¿en qué aspecto de tu vida falta mayor satisfacción o existe una nostalgia inexplicable? ¿Sientes muchos anhelos y necesidades?

5. ¿Qué ideas sobre la vida son las que te producen mayor temor? ¿De dónde sientes que han surgido?
6. ¿Te gusta compartir tus experiencias o te cuesta hacerlo? ¿En qué aspectos compartes?
7. Si pudieras comer cualquier cosa, sin tomar en cuenta la salud, el peso o el costo, ¿qué sería? ¿Con qué asocias esto? ¿Qué te dice sobre ti misma?
8. ¿A qué es lo que más temes? ¿Qué crees que no tendrás suficiente?
9. Presta atención al diálogo interno que sostienes respecto a la confianza y abundancia en tu vida, en todo orden de cosas: amor, dinero, nutrición adecuada, salud. Observa los mensajes que te envías a ti misma en cada caso.
10. La oración "Dios proveerá", ¿te dice algo?

Invocación y ritual

Cuando los griegos la adoraban, le ofrecían obsequios de miel y trigo; ambos alimentos eran símbolos de la abundancia femenina. Todavía se usan hoy para invocar las bendiciones de Gaia, llamando a su fertilidad, nutrición y dulzura. Las fiestas que la celebran corresponden a la primavera y al día de Acción de Gracias en Estados Unidos y Canadá.

Para que se manifieste la energía dorada del amor, la opulencia y la abundancia de Gaia, se necesita la conexión y la confianza en sus dones y en sus bendiciones. Ella crea la riqueza en todo orden de cosas, si bien es el hombre el que se encarga de distribuirla, de que circule. Es conveniente saber pedirle a la Diosa desde nuestras verdaderas y profundas necesidades. Pedirle, rogarle desde lo más nimio hasta lo más esencial.

Luego de tu vivencia en tu santuario personal, amplía tu visión. Ábrete a mirar y a experimentar tu realidad de otra manera. Inventa un símbolo propio para Gaia, ya sea a través de una imagen, una presencia, una música, un elemento de la naturaleza, algo que te la recuerde en cada instante. En lo concreto, arregla tu jardín, planta un árbol y obsérvalo crecer.

¡Recicla e incorpora a Gaia a tu vida, ahora y siempre! Tenla presente permanentemente y colócala en tu altar personal, como una figura en tu jardín, terraza, balcón, dormitorio o escritorio. ¡Es la presencia más universal de la Diosa en tu vida! ¡Dirígete a ella en tus oraciones, en tu práctica diaria y a través de tus ofrendas!

Visualización

Se hace una relajación corta guiada —como la señalada en la introducción— y se va llevando la energía hacia las montañas, los campos y parajes con árboles, especies naturales y frutales, con arbustos y flores, visualizando, visualizando. La música puede ser de aguas o de tambores, de sonidos de la naturaleza. Por un camino descendente se llega a una cueva protegida del mar y cercana a él y nos sentamos en una roca. Los sonidos de las olas nos llegan suavemente. Allí, nos estiramos haciendo ciertos movimientos hacia lo alto, llamando a los cuatro elementos.

Luego, permanecemos sentadas en la roca, escuchando y gozando del ruido de las aguas. De pronto, aparece una figura relajada, y a la vez majestuosa, cerca de nosotras, vestida de túnica, ofreciéndonos un obsequio que puede consistir en una palabra, una mirada, una energía. Disfrutamos el instante y luego comenzamos a deshacer lo andado hasta llegar al lugar en que estamos, tomándonos el tiempo necesario para volver, cada una a su ritmo. Bendiciones sean contigo.

Diosas Vírgenes e Incorruptas

*Las doncellas o jovencitas
que se mantienen como innovadoras y fieles
a su sello personal y original.*

ARTEMISA
*Diosa de la Independencia
y de la Confianza en sí
misma*

Cultura original: Griega; en Roma, Diana.
Tendencias y energías: Directa y propositiva, independiente, adivina, desapegada, emprendedora, amiga de los animales, hermana, protectora y partera.
Símbolos: Luna y cachos de vaca representando sus fases, arcos y flechas, manada de perros, osos y estrellas.
Mensaje: Confía en tu primera intuición.
Colores: Verde de la naturaleza, plateado e iridiscente de la Luna.

Frase talismán: *Sigo mi voz interna; amo mi instinto y mi intuición.*

Características principales

Artemisa es la diosa de la Caza y de la Luna. Tiene que ver con la capacidad física, con la libertad y el discernimiento, pues vivía en la naturaleza silvestre y en los bosques. Cuando era pequeña, Zeus, su padre, el Dios que reinaba en el Olimpo, le quiso entregar unos regalos y le preguntó qué deseaba. Ella le pidió un arco y flechas, una túnica corta que le permitiera poder correr, montañas y naturaleza indómita, manantiales y corrientes de agua, animales salvajes, un grupo de ninfas para acompañarla y una manada de perros sabuesos. Ella misma se ocupó de elegir todos estos presentes. Asimismo, le solicitó la castidad eterna.

Artemisa acierta sus flechas al centro y al blanco en una expresión decidida de su ser interno. Su sendero brilla delante suyo señalado por estrellas. Al mismo tiempo, es la portadora de la luz, la que lleva las antorchas y la Luna plateada con las estrellas rodeando su cabeza. Sabe cómo iluminar los caminos sombríos, misteriosos y ocultos. Artemisa regula todas las fases de la Luna y los ciclos de la mujer. Se dice que fue una de las sacerdotisas que presidió el oráculo de Delfos. Fue adorada allí como patrona de las amazonas, o mujeres de la Luna.

Se la conecta a otras diosas: con Hécate, de la sabiduría del mundo subterráneo y reveladora de los misterios de la noche oscura y de la Luna negra, y también con Selene, gobernadora del cielo en las noches en su calidad de Luna llena que otorga madurez e iluminación a cada mujer, formando juntas una trinidad lunar o la Triple Diosa.

Leyenda y mitología

Artemisa es bella en su arrojada naturaleza, juventud e integridad. De su origen se dice que era una deidad pregriega, pero también que nació de Zeus y Latona, una de las diosas de la fertilidad. Desde que llegó al mundo tuvo una personalidad muy original y voluntariosa. Fue muy protectora con su madre, a quien asistió durante los nueve días que duró el parto de Apolo, su hermano gemelo.

Artemisa forma parte de la categoría de las diosas vírgenes, al igual que las griegas Atenea y Vesta. Las tres son símbolo de solidez, cada una expresión total de sí misma. Este arquetipo hace que una mujer se sienta completa en sí y no a través de la relación con los otros; no aspira a enamorarse y menos al matrimonio.

La antropóloga inglesa Manuela Dunn en su estudio sobre *Diosas. La canción de Eva*, sostiene:

> El don de la virginidad significa el deseo de permanecer siempre fiel a su propia naturaleza, incorrupta y pura en la expresión del ser (...) El arquetipo de la virgen representa la parte

de la mujer que se encuentra libre de vínculos terrenales, que ha permanecido pura e incorrupta. No significa que sea literal y físicamente virginal. Habla y vive según su propia verdad, es íntegra en sus acciones y sigue sólo sus propios instintos.

Una parte importante de la psiquis de estas deidades no pertenece a nadie. Ella nunca se da completamente a otro u otra; le interesa por sobre todo realizar sus propios valores y mantener su desapego. Son las artistas, las creadoras, escritoras, bailarinas, innovadoras en todo orden. Artemisa es un símbolo de la independencia femenina desde que nació.

Intuición y contrastes

Protectora de los pájaros y los animales, está conectada con los silencios de la naturaleza y nos recuerda el valor de la soledad y de los paisajes selváticos. Nos lleva hacia esos parajes y nos ayuda a atravesarlos aun a través del miedo para lograr la autosanación. Se invoca a Artemisa para la protección de nosotras mismas y de la tierra. Es la guardiana de los espacios salvajes y de los bosques, y una de las primeras ecologistas.

La leyenda señala que en una oportunidad, en que se estaba bañando acompañada de sus amigas las ninfas, divisó a Acteón que la observaba desde lejos. Tomó su carcaj y le envió una flecha mortal en pleno corazón, dejándolo sin vida.

Artemisa significa agua, tiene que ver con lo que se refleja como un espejo. Es considerada como la que nutre y se la ha representado en una estatua como una figura femenina de abundantes pechos, en el altar de Efesos en Grecia (la sexta de las siete maravillas del mundo). En pinturas, en especial contemporáneas, se resalta su sentido de la nutrición con la presencia de numerosas mamas.

Por otra parte, su nombre está inmortalizado en la hierba de nombre Artemisa, que sirve para aliviar los dolores del parto y algunas infecciones intestinales según lo acreditan textos especializados en plantas medicinales. Otros señalan que sirve para favorecer los trabajos de magia y que conviene utilizarla para lavar piedras, gemas y cristales luego de una ceremonia.

Artemisa ayuda a las muchachas jóvenes y a sus hermanas de tribu a parir. Se conjugan en Artemisa las fuerzas yin y yang: su naturaleza de Luna, protectora de los más desvalidos y necesitados y, a la vez, su acción y su fuerza intrínseca. Era muy popular entre los griegos, aunque tuvo sus detractores, puesto que hubo víctimas de sus impulsos y sus decisiones cuando la consultaban en el santuario de Delfos.

Es una diosa paradójica, que representa la variabilidad femenina al asumir distintos roles porque, junto a su naturaleza indomable, es protectora de los animales, madre fecundadora, generadora, comprensiva con sus hermanas y patrona de los partos. Es la protectora de las mujeres y las doncellas, desde los nueve años. Otra de sus propiedades es traer a luz; no sólo en lo real sino como símbolo de apoyo a los demás en la realización de su camino. Artemisa ayuda a otros con su don de lucidez, sirviéndose de su gran intuición lunar.

Artemisa también nos hace darnos cuenta de lo necesaria y profunda que es la conexión entre la soledad, la naturaleza agreste en el toque al alma para vivir la propia senda y el fortalecimiento interior. El contacto con Artemisa lleva a un cauce profundo de individuación, verdad y honestidad.

Significado

Si aparece en tus lecturas, hoy es un estímulo para que te ocupes de una vez de ti misma, sin estar pendiente de brindar tu ayuda, lucidez y dirección a los otros. Para poder entregar, también necesitas cargar tus pilas, en especial en la naturaleza incontaminada.

Es conveniente que te des tiempo para escuchar las voces del viento, los sonidos de las aves, los mensajes y susurros de las aguas. Desarrolla tu receptividad e intuición; escribe y busca interpretar tus sueños, conocer tus ilusiones para aterrizarte en la realidad con un sentido adecuado. Por otra parte, hay hermanas del camino que te acompañan con amor y saben reconocerte y nutrirte. Apréciales y tómalas en cuenta. Siéntete parte de la gran tribu de lo femenino, ahora y siempre.

Algunas preguntas para encontrar dentro de nosotras, a lo largo de nuestras diferentes etapas, a Artemisa o Diana, Diosa de la Caza y de la Luna, son:

1. ¿Cuáles son tus recuerdos más vívidos de la infancia? ¿Tenías algún hobby? ¿Cuál era tu contacto con la naturaleza? ¿Te subías a los árboles?
2. ¿Cómo sentiste que había terminado tu niñez? ¿Cuáles fueron las experiencias más significativas de tu paso de adolescente a joven adulta?
3. Recuerda los lugares en los cuales transcurrió tu infancia. ¿Qué de positivo y qué de negativo asocias con tu ser niña?
4. Recuerda a tus amigos más queridos de cuando eras pequeña y expresa en una palabra la cualidad que te queda de cada uno de ellos.
5. Recuerda a tus profesores de infancia. ¿Qué es lo que más te llega hoy de cada uno de ellos? ¿Qué mensajes recibías de parte suya en cuanto a tu personalidad y comportamiento?
6. Recuerda los acontecimientos principales ocurridos durante uno, dos o tres años de tu vida y dales un contenido a través de un título que apunte a lo más importante que hayas vivido en cada período significativo.
7. Revisa tus experiencias de hoy con niños pequeños. ¿Te gustan? ¿Pasas tiempo con ellos? Y si no lo haces muy a menudo, ¿qué significa esto para ti?

8. ¿Qué recuerdos permanecen en ti de la experiencia de haber tenido un hijo? Y si no lo has tenido, ¿recuerdas la experiencia vivida por alguien muy cercano a ti? ¿Lo vivieron como algo espiritual?
9. Si fueras una niña de nuevo, ¿qué es lo que más te gustaría hacer? ¿Qué te impide hacerte este regalo a ti misma?
10. ¿Qué recuerdos tienes de tu sentido de la libertad cuando pequeña y de asociaciones con otros, cuando eras adolescente y luego, más adulta?

Invocación y ritual

Las ceremonias para llamar a Artemisa se realizan en noches de Luna llena, acompañadas de instrumentos musicales de cuerdas, flautas y percusión, semejando ruidos de la naturaleza y sonidos de animales; alrededor de un altar a la Luna, ojalá al aire libre. Se busca lograr danzas de catarsis, de alegría, de éxtasis; y expresar y sentir la belleza, la armonía y la fuerza del cuerpo a través del baile. En Grecia, cerca de Atenas, se celebraba a la diosa en el festival de la osa, que era una de sus manifestaciones más populares. Se estimulan la alegría de vivir, la soltura y la amistad. Como Osa Mayor en los cielos, Artemisa rige los movimientos de las estrellas alrededor del Polo, determinando de esta manera los meses y las estaciones.

Para sentir su energía convienen las actividades físicas: bailes y danzas, tiro al arco, tai-chi, esgrima, algún tipo de yoga y/o meditación en movimiento.

Visualización

Música con sonidos de la naturaleza, de pájaros, aguas, incluso osos y perros, a lo lejos. También es apropiada *La consagración de la primavera* de Stravinsky. Estamos en nuestro santuario interno, el que hemos creado e incorporado en los rituales y meditaciones en la introducción de este libro. Visualizamos una selva como el trópico, plagada de sonidos del viento, de pájaros y mariposas de formas y tamaños variables y multicolores.
Hay una laguna en cuyas aguas se divisa una ondina y algunas muchachas similares a las sirenas. Nos invitan a compartir y entramos sintiendo la tibieza, la fluidez, las olas y suaves corrientes. Nadamos acercándonos a Artemisa, apreciando la perfección del ritmo de sus brazadas y la gracia de sus movimientos. Sentimos un placer infinito, un gusto inmenso y una sensación de totalidad y comunión. Recibimos un mensaje de la diosa en el corazón: "Confío en mí misma. Me siento completa y autónoma", y agregamos la oración Wicca: "Lo que te libera a ti me libera a mí", de las comunidades de mujeres dedicadas, en la actualidad, a revivir ritos antiguos de magia y sanación de origen indígena.

ATENEA
Diosa de la Sabiduría y de las Artes

Cultura original: Griega; Minerva en Roma.
Tendencias y energías: Independencia, justicia, objetividad, sabiduría, lógica, organización, liderazgo; protectora del arte y las artesanías; lo doméstico, práctico y utilitario.
Mensaje: Date el tiempo de concentrarte para escuchar, recibir y traducir en hechos la verdad y la justicia que te serán reveladas.
Símbolos: Lechuza, serpiente, escudo, lanza, espada, objetos de cerámica, arte del hilado y del tejido.
Colores: Blanco, el gris de las armas, del acero del escudo.
Frase talismán: *Yo, Atenea, te ayudo a mantener el foco, la armonía y el discernimiento adecuado en los tiempos de torbellino* (extraído de *La sabiduría de las cartas de la Diosa*).

Características principales

Es la deidad de la guerra y la sabiduría, de las artes y la artesanía, de la inteligencia activa hacia afuera y de la verdad de las ideas propias. Su representación en los templos la consagra como defensora de los habitantes de la comunidad, en especial de la ciudad de Atenas, a la cual debe su nombre, de antiguo y desconocido origen.

Los mitos griegos hablan de una lucha establecida entre los dioses Atenea y Poseidón (Neptuno para los romanos), por ser los patrones de la ciudad. El dios de los mares y de las aguas subterráneas habría perdido ante el voto de las mujeres, quienes apoyaron a la divinidad femenina, aunque eran tiempos patriarcales. La estatua de nueve metros de Atenea está junto al Partenón, cuidando la ciudad.

Atenea también es la guardiana del intelecto femenino. Siempre está envuelta en asuntos muy trascendentes del ser humano y, al mismo tiempo, de la vida cotidiana. Se dice que cuando era pequeña, estando con su mejor amiga, Palas, la mató accidentalmente; su pena fue tan intensa que agregó este nombre al suyo y por ello se la conoce por ambos, Palas Atenea, lo que muestra una cierta forma de dualidad en esta diosa, indicando que tiene una doble ánima.

Audaz y valiente en la defensa de sus principios, participó en batallas como una gran estratega y es conocida como diosa de la Justicia y de la Claridad. A la vez, era la patrona y protectora de los artistas, artesanos y defensora de todas las artes creativas. De todo lo que requiere destreza, planificación y ejecución, llevando adelante un hilo de la realidad. Se la considera de naturaleza mundana, conectada con las artes utilitarias y las bellas artes. Los varones la apreciaban como su gran amiga por su sentido de la organización, la lógica y por su cordura.

Leyenda y mitología

Inventó la flauta, la trompeta, la olla de cerámica, el rastrillo, la yunta para los bueyes, la brida para el caballo, el carro. Fue la primera en enseñar la ciencia de los números y todas las artes de las mujeres, como la cocina, el tejido y el hilado —indica Manuela Dunn, en *Diosas. La canción de Eva*—. Ello simboliza su naturaleza hondamente femenina, la paz ponderada que la caracteriza y su capacidad de apreciación de las circunstancias y el momento. La producción de sonidos a partir de un instrumento de madera, como es la flauta, y la mezcla y preparación de alimento son ejemplos de una transformación alquímica que ella comprende y domina. Tejer e hilar son metáforas del devenir del tiempo y del desarrollo de los acontecimientos. La mujer con las características de Atenea bien puede ser, en sus últimos años, casi una maga, una estratega del destino que aconseja a los demás cómo avanzar en sus propios proyectos hacia la consecución de una vida intensa y satisfactoria.

Las habilidades manuales se asociaban a la labor sagrada de las mujeres, como diosas del destino. A Atenea le interesaba domesticar la naturaleza. Lo que representa este arquetipo es la aplicación práctica de la intuición y de los conocimientos de un modo lógico y útil. Si bien algunos autores destacan la capacidad natural de Atenea en la planificación y la guerra, a la deidad le interesa resolver los problemas y conflictos en forma centrada, equilibrada, reflexiva y pacífica, tomando parte por, sobre todo, los más indefensos.

La rama de olivo que Atenea introdujo en Grecia es otro signo importante de su presencia, en busca de la conciliación y la paz. Resulta paradójico honrar a esta compleja diosa por su capacidad de hacer la guerra, como también de proteger e impulsar el desarrollo de las artes domésticas, la artesanía y el trabajo con las manos.

Atenea maneja con armonía la espada de la justicia, considerando sus dos filos: la severidad y el rigor por un lado, la misericordia y el perdón, por el otro. Es consciente de la ética y la diplomacia. Los antiguos griegos siempre visitaban su templo implorando su guía y su consejo antes de tomar cualquier decisión e, incluso, antes de ir a la guerra. La mirada intensa y más bien fría de sus ojos grises es la coraza que la protege de ser penetrada por los demás. Sus intereses principales son la voluntad y la eficacia. Se mueve en el mundo con lógica y coraje. Hace justicia con el aprendizaje de la experiencia vivida.

Atenea es una afirmación maravillosa —indica Michael Babcock, autor del texto *Cartas de sabiduría de las diosas*— de que no existen límites a lo que una mujer puede hacer usando su intelecto y sus destrezas creativas. Además, encarna la forma humana de la sabiduría, una manera de decir que podemos usar nuestro conocimiento y nuestra sabiduría en luchar por cualquier meta que hayamos elegido.

Recuperar a la madre

Cuando Atenea emergió de un salto, completamente formada desde la cabeza de Zeus, su padre, fue una nueva deidad para una nueva etapa. Estas condiciones de su nacimiento la definieron como la imagen de la niña de los ojos de su padre, hecho que confirmó una relación estrecha y significativa entre ambos; Zeus estaba profundamente orgulloso de su valiente y dotada hija.

Atenea no tenía mayor conciencia de su ser femenino, puesto que no conoció a su madre, Metis —cuyo nombre quiere decir "consejo"— pues, antes de que ella naciera, Zeus se tragó a esta mujer de mucha sabiduría, la que se comenta ambicionaba el dios. Atenea se crió sin poder conocer, integrar y valorar lo materno y apreciar las relaciones intuitivas, especiales y definitorias del alma femenina.

En los círculos feministas, psicológicos y de discípulas de Jung se están estudiando estas implicancias, ya que ellas determinan las características de lo así llamado femenino y masculino en Atenea. Redescubrir su lado femenino, a la madre, a Metis, implica una evolución necesaria en las mujeres del arquetipo Atenea. La diosa vivió desde pequeña sin mamá y decidió dedicarse al conocimiento y al arte, eludiendo los amores, en especial los asuntos eróticos, emocionales o íntimos con el resto de los dioses. Cuando se relaciona con el sexo opuesto es la amiga, confidente, colega, sin apego emocional, incluso si se llega a casar. Un buen ejemplo de este arquetipo se comenta que fue la escritora francesa Simone de Beauvoir —autora, ente otros escritos, de *El segundo sexo*—, en su relación con Jean Paul Sartre, el gran filósofo francés.

A Atenea se la representa a menudo con una lechuza en la cabeza, ave que, junto al búho, es un antiguo símbolo de sabiduría. Asimismo aparece con una serpiente alrededor de su cuello, lo que la conecta con las transmutaciones y los más grandes misterios. En otras imágenes se la muestra con una serpiente a su lado, casi de su tamaño, aludiendo a este reptil como un elemento de regeneración y renovación constante; en otras palabras, de impulso creativo. En diversas representaciones, Atenea aparece con una armadura, un escudo protector, una lanza y una espada.

Otra diosa virgen

Esta diosa, junto a Artemisa y Vesta, representa la categoría de las diosas vírgenes, no en el sentido de la castidad del cuerpo sino más bien aludiendo a autonomía, independencia y a la libertad de tener amores o rechazarlos. Virgen quiere decir una en sí misma, ser verdadera y fiel a su propia naturaleza e instinto, sin estar bajo la dominación del hombre ni ser explotada. Es el respeto total a la naturaleza pura e incorrupta del ser.

Atenea no es virgen para estar sola —escribe Christinne Downing— sino para poder estar con otros sin necesidad de enredos. Ella representa un "estar con" que fomenta la mutua creatividad, que está más basado en el alma y el espíritu, que en el instinto y la pasión. El ejemplo de Atenea plantea serias cuestiones sobre la conexión entre las relaciones y la creatividad, puesto que desde su punto de vista las relaciones apasionadas conducen a la dispersión y a traicionarse a uno mismo. Sin embargo, la condición de Atenea de estar en-una-misma no es introvertida: alberga la amistad profunda. Está dedicada al aspecto externo del alma en la actividad creativa.

Representa el coraje de asumir lo que uno piensa sin importar la opinión de los demás, realizando su expresión propia, por una parte, a través de la metodología, las estrategias, la lógica y, por otra, la artesanía, el tejido y el hilado. Es la que rescata a quien la necesita, la que impulsa a reconocer el propio ser, la que es correcta y abnegada a la vez. Abre su amor a todo lo que le parece injusto.

Es capaz de armarse en todo sentido y hacer la guerra. Las polaridades se aprecian muy claramente a través de esta diosa. En museos de Grecia e Italia, los monumentos de culto a Atenea, las esculturas, relieves, vasos y monedas, la muestran de dos formas diferentes: erguida y amenazante blandiendo sus armas; sentada y tranquila con el chal que borda o domesticando la greda.

La lechuza que aparece en sus representaciones es:

> un ave de presa y un ave nocturna —asociada con la muerte y la oscuridad—, afirma Christinne Downing, pero como todas las aves, asociada con el vuelo y asimismo con el espíritu. De esta manera, la lechuza parece indicar este devolver el alma a la superficie, que sube una y otra vez, siempre en contacto con Atenea.

Manuela Dunn indica, por su parte:

> La comparación con un ave de presa nocturna es muy apropiada, pues estos pájaros, para cazar con éxito mientras vuelan, necesitan conocer íntimamente tanto la naturaleza de su presa como sus propias limitaciones y capacidades y las condiciones del entorno durante la caza nocturna.

Significado

¿Tomas en cuenta tu visión de los hechos o das más crédito a las creencias de otras personas? ¿Te cuesta encontrar la senda que nutre mejor tu ser? ¿Qué se contrapone entre tú y tus metas? ¿Reconoces tu inteligencia creativa?

Es momento de silencio, de meditación interior, permite a todas las partes de tu ser que fluyan y se expresen. Mira lo claro, lo oscuro, lo fácil y lo difícil y acepta con amor y confianza los opuestos que existen en ti. Será muy bueno que escribas tus contradicciones, tus apegos, tus aspectos negativos, y los reemplaces por tu amplitud de mente, tus virtudes y expresión positiva.

Para encontrarnos con Atenea y sentirla como amiga y con claridad, revisemos algunas preguntas y creencias de lo vivido con su arquetipo para observar lo que más nos relaciona con ella:

1. ¿Reconoces tus capacidades con facilidad?
2. ¿Tomas en cuenta tu propia visión de los hechos o confías más en las creencias de otras personas?
3. ¿Eres muy apegada a las enseñanzas de tus padres y profesores?
4. ¿Cómo reaccionabas a los desafíos y a las peleas, en el colegio y después? ¿Sufriste maltratos en ese sentido?
5. ¿Recuerdas cómo desarrollaste tus ideas sobre los roles de la mujer y cuándo reconociste lo femenino y su diferencia con lo masculino?
6. ¿Has sido una persona vital? ¿Eres activa, tanto a través de lo corporal y deportivo como en tus actividades intelectuales, culturales y domésticas?

7. ¿Eres una persona que sabe cuidar de sí misma? ¿Te consideras una persona consciente, capaz de ejercer la auto-observación?
8. ¿Te han asaltado alguna vez? ¿Has escuchado algún caso cercano? ¿Cómo fue tu reacción? ¿Practicas algún arte de defensa personal?
9. ¿Te sientes invadida o excluida en la interacción con algunas personas? ¿Te cuesta respetarte a ti misma?
10. ¿Has herido a alguien, alguna vez, ya sea a través de las palabras y/o con formas agresivas? ¿Cómo te sentiste después? ¿Cómo ves esa experiencia hoy día?
11. ¿Qué artes creativas y habilidades desarrollas? ¿Efectúas algo con las manos, herramientas o ejecutar instrumentos musicales?
12. ¿Te cuesta definir tus lados favorables frente a los oscuros? ¿Reconoces cómo los vas repitiendo a lo largo de tu vida, si es que los conoces?
13. ¿Qué piensas de la ecuanimidad y de la objetividad? ¿Recuerdas cómo y cuándo entraron estos conceptos en tu vida y a través de qué influencia, lectura u observación personal?

Invocación y ritual

Su liderazgo y su corazón valiente pueden ser invocados de distintas maneras. Atenea es la que ayuda en el autocontrol y la disciplina personal, en la claridad y la observación, en la lucidez y la introspección. Nos recuerda la necesidad de relacionar, en nuestros trabajos de autotransformación, la mente con el mundo de la materia. La manera de expresarnos sobre nosotras es fundamental en Atenea. Para activarla se sugiere utilizar el mantram u oración siguiente: *Planifico mi trabajo y ejecuto el plan.*

Los símbolos que la representan son las ropas nuevas, los olivos, las lechuzas, los cuchillos, las lanzas así como las serpientes. Los romanos la simbolizaban a través de los geranios. Preparar tu llamado usando alguno de estos elementos es importante, por ejemplo, introduciendo las aceitunas en tu dieta, ya que el olivo es como la rama de Cristo, representa el perdón, la reconciliación y la paz. Es útil tener una pluma de búho contigo, como símbolo de la razón inteligente y armónica.

Es importante pedir con claridad y dirigir tu ruego directamente. En un momento de silencio, de contemplación, permite a todas las partes de tu ser que fluyan y se expresen. Mira lo claro, lo oscuro, lo fácil y lo difícil y acepta con amor y confianza los opuestos que existen en ti. Mira tus talentos y tus obras. Será muy bueno que los anotes. Además, escribe tus contradicciones, tus apegos, las partes que consideras negativas y, asimismo, las virtudes y expresiones positivas.

Escribe en un trozo de papel o en tu cuaderno las condiciones de Atenea que necesitas integrar a tu vida en este momento. Con la primera Luna creciente que toque luego de que leas esto, planta la oración en algún lugar visible desde tu ventana;

recuerda y revisa todos los días lo que apuntaste hasta que sea Luna llena. Y, luego, dalo como un hecho: ¡esos atributos de Atenea son tuyos!

Visualización

Lleva al grupo o a ti misma, si estás sola, a una relajación profunda y luego vas imaginando el Partenón, los antiguos monumentos griegos y la imagen de la diosa Atenea, de digno y gran porte, protegiendo la ciudad. La música que te acompaña es de flautas y algo marcial. Caminas en derredor sintiendo la fuerza de las construcciones y piedras, la energía del lugar y de la deidad. Luego conversas con ella, sorprendiéndote gratamente de su claridad, amabilidad y extraordinaria lucidez. Visualizas su fuerza y su energía tan determinada. Sabes que la puedes invocar y visualizar cada vez que necesites calma para tomar tus decisiones con acierto.

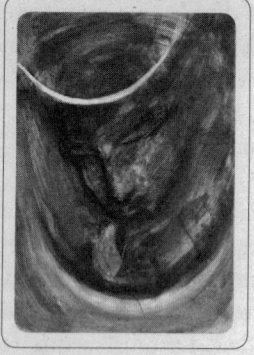

VESTA
Diosa del Hogar y del Templo

Cultura original: Griega, si bien se la conocía como Hestia. En Roma adoptó el nombre de Vesta.
Tendencias y energías: Guardiana de la religiosidad, de los espacios sagrados, del orden, de mantener el calor y el fuego encendidos, la dirección invisible y la serenidad.
Mensaje: Es momento de dirigirse al interior tomando contacto con el corazón.
Símbolos: Antorchas, fogatas, círculos, una mujer apenas entrevista, las vestales adoradoras del fuego.
Colores: Blanco, dorado, rojo y lila tenues.
Frase talismán: *Convoco el fuego y la llama naranja como expresión sagrada del amor, la amistad y el espíritu.*

Características principales

Es la que cuida lo sagrado, manteniendo la llama de luz encendida. Representa el arte de sostener el fuego, la luz del hogar y el templo interior de todos los seres humanos, guardiana del espacio interno y su manifestación. Es la divinidad de la antorcha flameante y diosa de las vírgenes vestales, doncellas que desde que tenían entre seis y nueve años se dedicaban como sacerdotisas a cuidar el fuego eterno de los templos. No hay una figura física determinada para visualizar a Vesta, pues no hay representaciones de su arquetipo, sino sólo en forma velada y difusa. Los mitos y ritos para invocarla se efectuaban a través del proceso de encender el fuego y conservar el vaso sagrado de la deidad. Este cáliz se llenaba con agua, leche y vino, mezclados con cereales, frutos y miel. A Vesta, más que verla, hay que intuirla y sentirla. Ella es representante de lo global, de la santidad, de la conexión espiritual, amante de la paz y de la senda pacífica.

Leyenda y mitología

Vesta era una de las doce divinidades más significativas del mundo antiguo; nunca tomó parte en los juegos amorosos y sexuales de los otros dioses del Olimpo. En una ocasión, en forma gentil y con su modestia habitual, Vesta cedió su lugar en la mesa de los dioses a Dionisio, el dios Baco, del éxtasis, los placeres, los excesos y el vino. Sin embargo, Zeus la hizo presencia permanente en cada hogar, puesto que a ella se le brindaban las primicias en frutas y flores, las mejores ofrendas en los comienzos de las estaciones. Se dice que basta prender una vela en su nombre, de color naranja, para que se sienta su presencia cálida y amistosa, como llama viva del hogar, el encuentro y la reunión.

Sus delicadas revelaciones versan sobre las necesidades del ser a través de la casa misma de uno, el centro, el foco. La tibieza del corazón, el centro solar de cada persona, el templo del grupo y de la comunidad describen a Vesta. Se la representa por lo circular; por ejemplo, en Roma, lo redondo, la totalidad, estaba en medio de la ciudad. Se la consideraba protectora de la nación y se la adoraba en un santuario situado en un pequeño templo dentro del foro romano, cuyas ruinas aún son visibles.

Se hacían fiestas una vez al año, las vestalias, destinadas a renovar el contacto con la deidad y a solicitarle la protección del hogar. Se la invoca como canal de la reunión familiar, como madre tierna y dispuesta a la paz y la reconciliación. Vesta es el corazón místico del hogar, hace el círculo dentro de la aldea, la villa, el condominio, la ciudad. Es una especie de madre idealizada pues no tiene que ver con la madre biológica.

"Es un amor que nutre, caluroso y protector, pero esencialmente imparcial e impersonal", afirma Christine Downing, en *La diosa*.

¡La tía solterona!

Vesta es la que concentra la energía en la experiencia subjetiva y de la interioridad; es el santuario de cada persona que proporciona el eje, la serenidad, la claridad, la intuición y el sexto sentido. Por otra parte, se ocupa de los alimentos en el hogar transformándolos y entregando la nutrición adecuada. Esto se refiere no sólo a la alimentación, sino a todas las necesidades del alma. Entonces, Vesta se ocupa de nuestros cuerpos: el físico, el mental, el emocional y el espiritual. En una palabra, de nuestro ser holístico.

Su arquetipo se expresa en el espacio del hogar. En nuestra sociedad actual podría ser considerada aburrida, ya que la conexión más pronta con ella se obtiene a través de la realización del trabajo doméstico con un sentido de atención y disfrute de lo sencillo, con conciencia de cada movimiento que se realiza. El encuentro con Vesta se da en las épocas en que es precisa la soledad o que la vida se encarga de enviarla, aunque no sea una elección consciente. Para la diosa, el orden de su casa es reflejo de su orden interno. Su hogar funciona como mundo, como puerto, como remanso, como nido que engendra la paz.

Vesta gobierna las disciplinas espirituales que refinan la psique y nos habla de profundizar las relaciones de nuestra alma. Nos muestra cómo es nuestro estilo de autoidentificación, dónde está el foco de atención y de interés más personal y sagrado en la devoción.

La adoración a esta diosa y la amplia difusión de las antiguas órdenes espirituales corresponde al reciente crecimiento de las artes psíquicas y ciencias ocultas. Vesta gobierna los canales telepáticos, las meditaciones y dinámicas que sutilizan nuestro cuerpo.

Vesta sostiene la luminosidad eterna alumbrando el camino mientras la humanidad empieza la nueva era. Participa en hermandades y su presencia corresponde al desarrollo de grupos de trabajo interior, meditación, círculos, rituales, terapias de crecimiento psicológico, estudios de artes alternativas, medicina natural, sanación, alcohólicos anónimos, antidrogas, etc. Es una presencia holística.

En un nivel de interioridad preserva la energía del hogar que se convierte en un templo, manteniendo encendida la luz. Esta tradición se enraíza entregando esta llama de madre a hija en una continuidad permanente. Vesta y el corazón representan el centro y, a la vez, los misterios más profundos de la transmutación.

Vesta es: "Como la abeja que recolecta polen de diversas flores, así, el sabio acepta la esencia de diferentes escrituras y sólo ve el bien que hay en todas las religiones", del Srimad Bhagabatan, citado en *La filosofía perenne* de Aldous Huxley.

Significado

Si está Vesta en tus cartas, es tiempo de que te ocupes de manera más íntima de ti, que le des tiempo a la soledad para conectarte más. Es necesario que ordenes tus lugares; que le des espacios mayores a tu vida para descubrir lo más esencial en más combinaciones y matices, que te des el tiempo para crear lo más propio, que brote de tu verdad interna.

Para conocer la forma en que opera Vesta en cada una de nosotras, conviene hacerse algunas preguntas y observar los espacios en los que ocupamos nuestro tiempo básico y esencial:

1. ¿Sientes que le das tiempo a lo más profundo de ti?
2. ¿Tienes ordenados tus lugares? ¿Te gusta estar en ellos? ¿Cuál parte de tu casa ocupas más?
3. ¿Tienes claro qué es lo más importante para ti en estos días?
4. ¿Sientes que actúas desde tu esencia y por ti misma?
5. ¿Te sientes muy invadida, ya sea en tu trabajo o por tu familia?
6. ¿Te parece que haces algo original, artístico y entretenido?
    ¿Has cultivado alguna actividad propia, un hobby, ahora o antes?
7. ¿Te gusta estar sola? ¿Qué haces cuando lo estás?
8. ¿Cuál es tu relación con la religiosidad? ¿Cómo te sientes respecto a las religiones establecidas?
9. ¿Te das un tiempo para conectarte con la divinidad y/o con tu ángel de la guarda en el día a día, una vez por semana, una vez por mes?
10. ¿Has encontrado compañeras espirituales con las cuales compartes este ámbito de tu

vida y que son tus guías, maestros, hermanas, hermanos de camino?
11. ¿Has podido familiarizarte con todos tus sueños, imaginaciones, anhelos y fantasías?
12. Describe el sitio que sientes tu verdadero hogar.

Ritual e invocación

Se recomienda vestir ropas en colores blanco y dorado por la pureza y la alquimia que representan.

Será conveniente que hagas caminatas y que, por medio del contacto con el suelo en la planta de tus pies, retomes el contacto con el espacio que ocupas, con tus límites, sin olvidar la respiración en cuatro tiempos. Cuando hayas andado lo suficiente, incorpora en las exhalaciones el hacer crecer raíces desde las plantas hacia la tierra, visualizándolas entrar hacia abajo.

Un segundo paso será tomar contacto con tu cuerpo físico, asiento de nuestro templo interior: que lo escuches para saber qué quiere decirte, cómo lo estás tratando y cuáles son sus deseos y necesidades reales, tanto en materia de nutrición como de movimientos, trabajo corporal, masajes. En el fondo, que lo tomes en cuenta en su salud integral, en un todo holístico, que lo cuides y estimules como le gusta.

El contacto con tu santuario interno, como el sitio que te acoge cada vez que lo requieras, es muy importante. Es el lugar en el cual te recoges cada vez que lo deseas, que lo vas creando tú misma al recrear sus contenidos. Ese templo plagado de ti es tu sitio seguro, en el cual te cargas y te reciclas, cada vez que lo necesitas. Es tu foco esencial y estable.

Por último, cuidar de la casa como una manera de honrar a la diosa nos inviste de conciencia como una verdadera meditación, llegamos al templo interno, al asiento de la serenidad interior, a la esencia misma de nuestro ser. A la interioridad, a la confianza, al centro de la religiosidad.

Invita a todos tus seres queridos para sentirlos cerca de ti en un gran círculo energético de amor y sanación profunda, de tranquilidad y agradecimiento, como si en realidad limpiáramos nuestro espíritu de influencias ajenas, realizándolo con calma y paciencia.

Participa en grupos de sanación, en colectivos de meditación, agrupa a personas que tengan estos intereses.

Visualización

Alguna canción de la cantante Enya, o música muy santa, coros y voces muy sutiles, por ejemplo, de Hildegard von Bingen. Haz llegar a los presentes o a ti, si estás sola, a una habitación redonda en la cual haya dispuestas velas de color naranja frente a cada persona y, si están al aire libre porque es verano y se dan las condiciones, ubícalos rodeando una tremenda fogata, la que todos atizarán por turno, manteniendo su calor y llamas cálidas. Luego, induce a los participantes a visualizar la energía de las jóvenes vestales que mantenían las llamas vivas. Anima a los que participan en el rito a inhalar el fuego para cargarse de fuerza y calor y que, en la exhalación, se relajen muy profundamente. Pregunta después cómo se han sentido con la experiencia y propone que, si desean, la compartan.

Diosas Vulnerables y Emocionales

*Son las que más se afectan
y se defienden de las relaciones que establecen
con los seres más cercanos y con la familia.*

HERA
*Diosa del Compromiso y
del Matrimonio*

Cultura original: Griega; Juno en Roma.
Tendencias y energías: Protección, compromiso, lealtad, convencionalismo, resentimiento.
Mensaje: Es hora de mirar cuán apegada estás a la idea de la pareja; si estás siendo generosa contigo, con el otro y cuáles son tus anhelos reales de compromiso.
Símbolos: Pájaro cuco, plumas de pavo, ojos escrutadores, diadema, velo.
Colores: Púrpura, lavanda, verdes y azules iridiscentes.
Frase talismán: *Soy la entrega y el compromiso con otro ser.*

Características principales

Se afirma que Hera fue criada por las estaciones, convirtiéndose en la protectora y fertilizadora de las plantas y las cosechas. Fue adorada en sus diversos santuarios: en la primavera, como Hera Partenón, la doncella y la virgen; en verano, como Hera Teleia, la perfecta, simbolizando la Luna entera, la mujer adulta y realizada; en el invierno se convertía en Hera Theira, como la viuda y la sabia que vive para sí misma.

Hubo símbolos del reino animal que tenían que ver con cada una de estas fases de la diosa: el pájaro cuco que se encontró en diversas imágenes de la Grecia preclásica y que representa a la doncella Hera; el pavo real que emerge conectado con la plenitud y madurez del ser mujer de Hera, y la vaca que, al igual que en el caso de la diosa egipcia Hathor y para diversas diosas hindúes, es un símbolo de abundancia y fertilidad y sus ojos se parecían a los de Hera.

Otros emblemas sagrados de la diosa fueron la granada y la azucena, frutos y flores de la germinación, la fertilidad y la feminidad. Como mujer, Hera enseña un enfoque de la vida más maduro, sustentador y preservador. Los ojos de las plumas de pavo dibujan otro aspecto de la diosa: el nítido sentido de la observación como otro de sus signos característicos. Otro aspecto es el color azul como el del cielo, puesto que ella era la reina de los cielos, la divinidad más importante del panteón desde la época prehelénica.

Por otra parte, la granada se asocia a la fertilidad en el contexto de la joven Perséfone; con Hera se establece la relación por el color sangre transparente de los granos de granada. Estos también se relacionan con el renacer, con la paz y la sabiduría que viene para los tiempos de la menopausia.

Leyenda y mitología

En el mito, la diosa Hera fue casada con Zeus, el más grande de los dioses del Olimpo. En la mitología romana, el matrimonio corresponde a Juno y Júpiter. Se dice que él la violó, por lo cual ella, llena de vergüenza, lo obligó a desposarla: eran hermanos. Cuando Zeus la vio salir como doncella del cuerpo de su padre Cronos se fascinó. Como Hera no se le rendía fácilmente, él tomó la forma de un pájaro cuco, que anuncia la llegada de la primavera, a sabiendas de que a ella le encantaban las aves. Efectivamente, su corazón se abrió ante este pajarillo indefenso y lo arrimó a su regazo, entonces Zeus retornó a su figura real y la raptó, por lo que ella sintió que debía casarse con él, asumiendo una dignidad personal como diosa.

La versión más oficial dice que tuvieron una luna de miel que duró 300 años. En otra, se dice que él la cortejó durante ese mismo número de años e ideó esta estrategia de convertirse en una avecita frágil. En un principio, sus amores fueron tan bellos que un halo de luz dorada emergía de sus juegos y devaneos sexuales, pero luego de ese tiempo, Zeus volvió a sus andadas, coqueto y promiscuo, y perseguía a las ninfas, tenía amores e hijos fuera del matrimonio (antes de casarse había tenido otros romances e innumerables flirteos).

Hera comenzó a expresarse como una mujer resentida y airada que no vacilaba en enfrentar a las amantes de Zeus y a los hijos de estas, incluso con mucha furia y virulencia. Sin embargo, en una oportunidad en que el dios iba a casarse con otra, y para demostrarle a Hera que no se casaba con una mujer de carne y hueso, disfrazó a su novia como una estatua de madera de imagen femenina. Esta artimaña le causó mucha gracia a la diosa y volvió con él una vez más.

En la esfera de Hera, el ser esposa y el ser madre se corresponden. La sexualidad no está principalmente dirigida al éxtasis sino que a la procreación —escribe Christine Downing en su libro *La diosa*—. Se contempla a los hijos como la cocreación entre marido y mujer, como personificaciones vivas de su vínculo. Y una forma de proyectar al matrimonio con la responsabilidad de crear la familia. Por otra parte, ella tiene un compromiso de fidelidad que corresponde a su propia forma de ser, a la imagen que ella tiene de sí misma.

Hera significa "dama":

su arquetipo representa el anhelo de una mujer por casarse y convertirse en esposa para completarse a sí misma, con un fiel compañero, al que elige para toda la vida —afirma, por su parte, Manuela Dunn—. Su mito es también el de la perseverancia, la lealtad y la fidelidad que una mujer pueda sentir por su marido. Cuando la mujer Hera encuentra al hombre de su vida se ata a él para siempre. A partir de entonces, la mujer Hera es la esposa feliz, en espera de oír los pasos de su marido cuando entra en casa al regresar del trabajo, que disfruta cocinando deliciosos platos para él y planeando el mobiliario para el hogar. Su sexualidad está relacionada con los sentimientos de amor y respeto que siente por él.

En el libro *Las diosas de cada mujer*, la psiquiatra Jean Shinoda Bolen establece a Hera como la primera de las diosas vulnerables, seguida de Démeter y Perséfone.

Personifican arquetipos que representan los papeles tradicionales de las mujeres: esposa, madre e hija. Son las diosas cuya identidad y bienestar dependen de tener relaciones significativas (...) El patrón dominante para ellas son los contactos afectivos. En sus mitologías, estas tres diosas fueron violadas, raptadas, dominadas o humilladas por dioses masculinos. Las tres sufrieron cuando se rompió o deshonró una relación sentimental. Las tres experimentaron la impotencia y las tres respondieron de una manera característica. Hera, con rabia y celos; Démeter y Perséfone, con depresión.

Hera tiene un temor inconsciente: cuando carece de marido se siente sin identidad a los ojos de la sociedad. Su ocupación máxima es, bajo todos los aspectos, su esposo, a quien incluso privilegia frente a sus propios hijos. Se ocupa de él más que de sí misma, llegando a ser bastante sumisa y una especie de geisha.

Si la relación fracasa porque interviene otra persona es un gran dolor para ella, quien lo vive de diferentes formas: se aleja a los confines del reino para reciclarse y recomponerse o expresa su frustración, resentimiento y pena, que son intensos y la dejan muy frágil, a través de una depresión o una enfermedad.

En Hera se dan contrastes, como en todas las diosas, a partir de las características de lo femenino por excelencia, la abundancia y prodigalidad, por un lado, y el enojo y la ira, por otro.

Otra aproximación a Hera la entrega Shahrukh Husain en su libro, del mismo título, *La diosa*, describiéndola así:

> En Cnosos recordaban el matrimonio sagrado con rituales que representaban las bodas del cielo y la tierra, con lo cual el mundo se tornaba hermoso y fértil. Cada medio siglo en algunas ciudades beocias se celebraba una festividad junto a otras nupciales, en las cuales un toro y una vaca hechos en madera eran ritualmente quemados como ofrenda a las imágenes de Hera y de Zeus.

El papel de Hera de la triple diosa de los comienzos quedó reducido al sacramento del matrimonio y se atribuyó a su doctrina de la fidelidad, la actitud enérgica e intolerante que mostraba ante los enredos sexuales de su marido. Esta función también podría interpretarse como expresión de los conflictos que se producían entre la arcaica religión matriarcal y la nueva concepción patriarcal.

Así lo confirma la autora de *Diosas*, Pamela Mathews, en una visión muy contemporánea: "Su matrimonio era muy tormentoso. Zeus era infiel constantemente y Hera, vengativa y furiosa, reflejando la antigua pelea entre el patriarcado y lo matrístico".

Significado

Si aparece la divinidad Hera en tu lectura, debes observar cuánto hay de real en tus temores respecto a la relación con tu pareja, novio o compañero. Puedes invocarla si necesitas una definición más verdadera y profunda, tanto tuya como suyos, si deseas formalizar tu encuentro. Revisa cuánto usas el yo y cuánto el nosotros. ¡Buena suerte!

Además, es conveniente repasar los atributos presentes de Hera en las relaciones que llevamos con nuestra pareja, tanto en nuestra intimidad como en los aspectos de nuestra vida profesional y social. ¿Cuánto asumes tú de la grandeza y dignidad de Hera?

Algunas preguntas sobre la historia de la gran diosa Hera en nuestras propias vidas, en las de nuestras madres y abuelas, en las de los antepasados y antepasadas en general:

1. Toma una foto tuya de pequeña y observa lo que te evoca. Anótalo.
2. Mira a tu madre y a tu abuela en una foto antigua y reconoce sus cualidades, sus atractivos y sus facetas más positivas.
3. Encuentra alguna foto tuya y observa qué palabras te vienen a la mente: si son positivas o negativas hacia ti misma.
4. ¿Existen asuntos y metas que no has logrado en tu vida? ¿Cómo te sientes ahora en relación a ellas?
5. Con relación a los amores que has tenido y a los potenciales, ¿cómo te has sentido frente al rechazo? ¿Ves algún patrón de conducta que te resulte familiar o conocido?
6. Haz una lista de las mujeres que admiras por alguna razón. Anota las cualidades que te llaman la atención.
7. Haz una lista de las mujeres que te parecen desagradables o que te asustan. Haz una lista de palabras que asocias con estas personas.
8. Confecciona una lista de tus símbolos de poder personal. Pueden ser imágenes concretas, abstractas, de naturaleza viva, seres humanos, piedras, joyas, talismanes, fotos tuyas, de antepasados.
9. ¿Existe dependencia tuya del arquetipo de la diosa Hera? ¿En qué planos se manifiesta?

10. ¿Cuánto tiempo dedicas a tu propio desarrollo, profesión e intereses?
11. ¿Cuánto usas el tú o el nosotros? ¿Quién lo usa más: tú o el otro? ¿Cuánto cedes por mantener la paz, por no enfrentar a la pareja?
12. ¿Cuánto del proyecto común lleva adelante cada uno y cuánto de ti y de tu pareja?

Invocación y ritual

Es importante compenetrarse con el espíritu protector y la grandeza de Hera hacia las relaciones de pareja, hacia los hijos y la familia en general. Para invocarla conviene revisar, en forma honesta con una misma, ¿cuál de sus cualidades nos faltan y cuáles de ellas estamos dispuestas a desarrollar?

Luego, vestidas con un traje especial para la ocasión, en colores azul, lavanda, verde o púrpura, pedimos a la reina de los cielos que nos ayude a aumentar esa característica en nuestro ser. Visualizamos ese rasgo en seres que lo tengan y volvemos a rogar para incrementarlo.

Se dice que la encina y la mirra son parte de antiguos símbolos de su presencia, útiles como elementos recordatorios de su imagen, en especial durante el ritual; además, las plumas de pavo, las granadas y las azucenas como expresión viva de su visión, su fertilidad y renovación permanentes.

Las cualidades más apreciadas y reconocidas de la diosa Hera son su humor y la capacidad de perdonar, fundamentales para ser incorporadas en el vivir, ahora y siempre. El perdón y el amor universal son algunos de los aspectos más significativos de su ser femenino, más aceptados en la mujer que en el hombre en la cultura actual.

Visualización

Llevamos a través de la relajación a las asistentes, si estamos en grupo, a imaginar una mesa de comedor de un castillo medieval presidida por un rey y su dama. Nos vemos conversando de la vida con esta mujer y de las transmutaciones sufridas en sus diferentes etapas de joven doncella, mujer a todo dar, sabia y madura. Nos visualizamos como jóvenes adolescentes, primero en un baile de gala danzando el vals con nuestro príncipe azul, luego, como madres de varios niños, entre los tres y los 15 años y, por último, como abuelas sabias conversando con nuestros descendientes o amigas y amigos jóvenes en la mesa. Escuchamos atentamente los mensajes o conversaciones de la diosa Hera para cada ocasión.

DÉMETER
Diosa Madre de las Cosechas y los Sentimientos

Cultura original: Griega; Ceres en Roma; Ker en los pueblos precélticos.
Tendencias y energías: Germinación, abnegación, nutrición, abundancia, dependencia emocional.
Mensaje: Revisa tus amores y amistades con otros. Tu dependencia y tu apego versus tu camino propio y tu madurez.
Símbolos: Granos, espigas, serpientes, cosechas, imagen de una mujer bella y generosa de edad adulta.
Colores: De las cosechas y de la tierra: marrón, beige, amarillo, verde, rosado.
Frase talismán: *El sentimiento de madre es indescriptible en su globalidad, es una emoción viva en la mayor parte de las mujeres.*

Características principales

Fuente de todo el crecimiento en la naturaleza, es conocida por Ceres en la mitología romana, término que proviene de la palabra cereal. Déméter tiene un primer sentido como Madre Tierra, si bien la diosa primigenia, fuente del Todo, Creadora y Destructora a la vez, es Gaia, la matriz cósmica.

Déméter es una de las deidades más antiguas, conocida como la madre eterna y reconocida antes de los griegos como una prolongación de la Gran Madre. Se la representa como una mujer fuerte y bella, de larga cabellera y con espigas doradas e imágenes de los granos de maíz en sus manos: era la diosa de la agricultura, de la abundancia y de las cosechas. Aparece, a veces, con serpientes anudadas en sus brazos y/o en su garganta, simbolizando sus atributos de regeneración y cambio.

El descubrir los secretos de la agricultura revolucionó la vida humana y la madre del cereal fue reverenciada como una prolongación directa de la Gran Madre. El grano, que lo sembraban, las mujeres simbolizaba todas sus potencialidades ocultas. Este mito del ciclo del grano fue celebrado en todas partes de Europa desde tiempos remotos —escribe Sandra Román, autora argentina, en la *Revista de las Diosas de la Cruz del Sur*, que se publica en internet—. Es la celebración del regalo de los secretos del cultivo hecho por la Diosa a la Humanidad, lo cual aceleró la revolución neolítica. Un idéntico patrón de celebraciones se encuentra en los ritos de otras diosas antiguas.

En idioma inglés el término "corn" se refiere al maíz y deriva de la palabra "cor", que significa cuerno y de allí su asociación con el "cuerno de la abundancia". En las leyendas de los indígenas norteamericanos se conoce a la diosa Korn o del grano, igualmente relacionada con la alimentación, porque cada grano es una innovación. A Démeter se la conecta con las esperanzas, la maduración y las cosechas, el misterio y la revelación de la maternidad.

Los misterios de Eleusis, lugar situado al sur de Atenas, son historias de iniciación sobre la vida, lo divino y lo eterno muy poco conocidas, puesto que no han sido reveladas. Fueron escritas por el poeta Homero en el séptimo milenio antes de nuestra era y se relacionan con Démeter, al igual que las fiestas de las Tesmoforias, festividades de la fecundidad y de las tristezas, que existen desde esos tiempos prepatriarcales. Se dice que la revelación de estos misterios genera gran felicidad.

Leyenda y mitología

El mito de Démeter contiene el tema de la tierna, bella y profunda unión entre las madres y las hijas, relación básica arquetípica que se estudia y en la que se ahonda a través de diversas teorías psicológicas, psíquicas y espirituales. Démeter revitaliza en lo instintivo de la maternidad a través de su adoración por su hija Perséfone. Son las mujeres cuyo propósito básico es tener hijos y que padecen el "síndrome del nido vacío" cuando estos se alejan del hogar.

Se dice que la segunda parte de la palabra Déméter, es decir, "meter", es sinónimo de madre; al prefijo "De", por su parte, se lo relaciona con la palabra grano. Otro significado del nombre Déméter se da como umbral del misterio de la feminidad. Una tercera acepción es el dar la vida y la continuidad del instinto maternal que impulsa a la propagación de la especie humana. El vínculo natural entre la madre y la hija crea una especie de servidumbre entre ambas; es la transmisión de la feminidad a través de la matriz uterina; es la esencia de lo femenino que va pasando de una generación a otra: con una mirada desde y hacia la Luna y sus fases. Es lo oculto, la sutil receptividad.

Por otro lado, Déméter representa lo nutriente para los más necesitados, no sólo desde el punto de vista alimentario, sino que también considerando los aspectos psíquicos y espirituales. Que todos tengan lo que necesitan para que todos se beneficien es una expresión adulta de esta diosa.

El amor de Déméter hacia su hija Perséfone era tan grande que las hacía inseparables. El mito cuenta que cuando esta, llamada Proserpina por los romanos (que significa: "primera serpiente") estaba recogiendo flores en un prado, acompañada por otras doncellas, se acercó a un bello narciso (flor de forma fálica), del cual, en los momentos en que se abría, emergió de las profundidades de los abismos el dios Hades, hermano de Zeus, es decir, su tío, quien la secuestró (Plutón es su nombre en Roma, el dios de los mundos subterráneos y de los infiernos) y la quiso convertir en su esposa.

Démeter vagó por los confines de la tierra en busca de su niña; el pesar y la furia la postraban. Para que la tierra reflejara sus heridas, detuvo el florecimiento y la maduración de todos los cereales, las plantas y los árboles. Llegó el invierno, árido y lluvioso, y Zeus persuadió a Hades para que devolviera a Perséfone a su madre. Antes de su retorno, el dios la convenció de que probara seis granos de granada roja, con lo que quedó atada a los pasajes bajo la tierra. Se llegó a un acuerdo: durante seis meses al año retornaría a los días luminosos y fértiles de la primavera y el verano; los otros seis, otoño e invierno, debía pasarlos con Hades, ganando en energía profunda, como reina y guía del mundo subterráneo. En algunas versiones se habla de que sólo pasaba tres meses con Hades y el resto en la tierra.

A través de la diosa Démeter, la gran madre te hace preguntarte por tu relación con los seres más cercanos que amas y legitima tus emociones amorosas, las más sutiles e inexplicables. Aparece aquí la doncella Perséfone como otro arquetipo, que representa la capacidad de conectar con lo oscuro e invisible del misterio, la empatía con el inconsciente, con lo recóndito, con lo que es menos diáfano y transparente.

El rol de madre, de iniciadora de un hijo en el mundo es, por tanto, de importancia fundamental —afirma Manuela Dunn—, pues representa la esencia femenina que configura los sentimientos íntimos hacia la vida y las relaciones con los demás en la psique del niño. A través de los ojos y los sentidos de ella, el niño aprenderá a comportarse y a confiar en sus intuiciones. Tanto los hombres como las mujeres adultos conservan diversos hábitos que sus madres les enseñaron, sobre todo en la esfera íntima del hogar y la familia... Cada partícula de la existencia está sujeta al mito del eterno retorno representado por el arquetipo de la madre: concepción, nacimiento, vida, muerte y renacimiento.

Ellas recibieron y se dieron alegría la una a la otra, reza el Himno a Démeter compuesto por el poeta Homero. Conviene recordar la oración del poeta Khalil Gibran para comprender el desapego: "Vuestros hijos no son vuestros hijos: son los hijos de las ansias de la vida que siente la misma vida. Vienen a través de ustedes, pero no desde ustedes y aunque estén con ustedes no les pertenecen". Lograr integrar esto es un desafío permanente.

Ritos de Eleusis

Los rituales de Démeter, cuyos poderes secretos de fertilidad garantizaban la generosidad de la tierra, personificaban el principio de renovación. Se celebraban en Eleusis, una ciudad-estado situada en una llanura donde se cultivaba el trigo, no lejos de la capital de Grecia. El relato más antiguo de los misterios de Eleusis es el de Homero. La fundación de estos ritos estaba a cargo de Démeter y consistía en la revitalización eterna de la vida de la vegetación. Para los participantes significada la instancia de comprensión más amplia del proceso de la vida, la muerte y la inmortalidad del alma.

> Se creía que la vida de la humanidad imitaba la existencia circular —nacimiento, vida, muerte y renacimiento— del mundo vegetal, pues la muerte se consideraba un simple paso hacia una nueva vida y cada nacimiento se celebraba como un regreso del alma —escribe Manuela Dunn. Y agrega: El misterio de la Diosa del grano es el misterio de la muerte y la esperanza en una inmortalidad dichosa. Por esta razón, los antiguos consideraban la iniciación en los misterios de Eleusis una clave para abrir las puertas de la vida eterna.

Otra de las festividades antiguas que se conocen, celebradas sólo por mujeres casadas u madres son las Tesmoforias, que tenían lugar en octubre de cada año, también en Eleusis. Dedicadas a Démeter, representaban el descenso a los infiernos de su hija Perséfone y su hacerse mujer en todos los ámbitos. Este ritual de lamentaciones y catarsis era una oportunidad para las mujeres de expresar los sentimientos asociados a la maternidad y al matrimonio entre sus amigas. Se celebraba durante tres días el paso de cada uno de ellos y correspondía con el oscuro paso de la Luna de menguante a creciente.

Se dice que en el primer día se arrojaban cerdos, ramas de perales y pasteles en forma de vulva y de falos a un nido de serpientes, que se usaba todos los años. Al segundo día, estando en ayunas, las mujeres comenzaban las grandes expresiones de sus dolores. Al tercer día, se sacaban a la superficie los restos de la celebración del año anterior y se mezclaban los nuevos con simiente de trigo para fertilizarlos, con lo cual se llamaba a la renovación y regeneración. Se dice que, desde siempre, las diosas de la tierra han estado vinculadas a los chanchos, quizá porque son animales muy fértiles, paren muchas crías en camadas diferentes y parecen arar cuando hurgan el suelo en busca de alimento.

Significado

Démeter te revela la importancia de tu sensibilidad, de tus reacciones y apegos. Te pregunta —con su aparición— si tomas en cuenta la parte más emotiva de tu ser, si realmente te estás permitiendo sentir desde tu corazón, puesto que reprimir no te hace bien, o si se te limita en tu medio, y quizá desde pequeña, la expresión real de tu ira o de tu pena. Mientras menos guardes lo que te pasa y des rienda suelta a tu verdadero ser con lo más expresivo y profundo, más te liberarás.
En materia afectiva reflexiona sobre tus verdades. Con cada persona que te encuentres cuando estés en esto, permítete sentir, si no puedes expresarlo, guárdatelo para ti misma sin pasar por el tamiz de

descalificarlo: es algo que te sucede y es honesto y tuyo. Naturalmente, no todos están aptos y preparados para que les expreses tus emociones que, más que todo, tienen que ver contigo.

Lo importante es que aprecies lo que sientes. Por otra parte, pregúntate si tienes ganas de llorar; si no es el caso, recuerda separaciones que has vivido, ya sea de tus padres, tíos, profesores o alguna hermana o ser querido, revisando si está todo claro para ti, aunque haya pasado mucho tiempo y si es la ocasión de sollozar por esa pérdida ahora, permítete ese espacio.

Algunas preguntas para activar los recuerdos con nuestra madre, la Déméter arquetípica y la salida al mundo sin su manto protector, pueden ser:

1. ¿Has tenido algún rito de iniciación o alguna experiencia personal que la sientas como una iniciación? ¿Cómo experimentas el cambio que te produjo, si es que sucedió?
2. Hay otro tipo de situaciones de la vida que se pueden experimentar como una iniciación. ¿Has vivido algo especial con alguna como, por ejemplo, tu graduación?, ¿cómo te sentiste?, ¿marcó diferencias?
3. ¿Qué experiencias de tu vida han sido decidoras para ti y dignas de un ritual? Descríbelas.
4. Haz una lista de las imágenes que asocias con esta diosa. Que alguna de ellas te sirva como fuente de inspiración para crear algo, un escrito, una artesanía, un dibujo. Expresa lo sagrado que sientes con Déméter.

5. Revisa tu historia con tus amigas. ¿Te has sentido capaz de intercambiar experiencias positivas? ¿Interactúas con mujeres que están en otros campos de intereses distintos que los tuyos?
6. Revisa tus relaciones con tu madre. ¿Qué es lo que aún no te confiesas acerca de vuestra interacción? ¿Qué efectos de tu vida con tu madre influyen o han influido en tus relaciones con amigas, hoy o en el pasado?
7. Si tienes hijas o hijos explora tu relación con ellos. ¿Pregúntate si los dejas crecer o los sobreproteges en forma solapada? Si existen dificultades entre ustedes, pregúntate si las puedes resolver.
8. ¿Has tenido madres sustitutas? ¿Parientes o amigas mayores que te han acompañado e impulsado a renacer? ¿Qué aspectos de lo maternal te representan? ¿Les has hecho saber lo significativas que han sido o son para ti?
9. ¿Te han tocado hijas sustitutas? ¿Las has apoyado generosamente?
10. ¿Qué aspectos de tu madre evocas con la diosa Démeter?
11. ¿Tomas en cuenta los puntos más sensibles de tu ser? ¿Buscas sentir desde tu corazón?
12. ¿Se te limita en tu medio y/o desde pequeña, la expresión real de tus aflicciones o de tus explosiones? Mientras menos guardes lo que te sucede, dando rienda suelta a tu verdadero ser, desde lo más total y profundo, a la larga, fluirás y disfrutarás más y más.

Invocación y ritual

Para llamar a esta deidad es fundamental que estés en hondo contacto con tu sentir en materia afectiva. Por ello se te recomienda que tomes baños con sal de mar, que son adecuados para la purificación y limpieza de tu ser. Se dice que así dejas los karmas antiguos afuera.

Pon música que te vuelque hacia adentro, que te pueda inducir a la pena, que afloren las lágrimas y recuerdes los dolores y las tristezas de tu historia, tus momentos de depresión y dificultades. Deja que surja tu llanto y se deslice por tu rostro. Recuerda más y más, más y más profundamente. ¡Atrévete a sacar todos esos sollozos escondidos! ¡Todas las aflicciones no dichas y quizás apenas vislumbradas! Cala hondo. Anda a concho. Date todo el tiempo necesario...

Después, pasa a la fase contraria. Recuerda tus momentos de alegría, de sentir amor y confianza estando serena, sintiéndote contenta, risueña. Ríe y recuerda los muchos momentos felices que has vivido. Las situaciones que te han producido sensaciones agradables. Mira tus fotografías. Ríete. Toma en cuenta tiempos antiguos y actuales. Si te hace falta, mira programas de humor o lee chistes, si te causan algo. Busca las sensaciones vitales. Igual que en el ejercicio anterior, vuélcate con profundidad.

Finalmente, recuerda que no eres ni esa persona desgarrada ni tampoco esa fuente generosa y abundante de la tierra. Cultiva la conciencia del desapego. No eres ni lo uno ni lo otro. Además, ten presente que todo siempre pasa. Conviene hacer estos rituales de renovación días antes o después de los equinoccios de primavera y/o de otoño.

Existe una meditación del maestro hindú Osho llamada La Rosa Mística, que puede ser de gran ayuda para reconocer estos espacios si se necesita revivirlos y recorrerlos atentamente. Dura 21 días. Es conveniente efectuarla en grupo, con un guía calificado y en un espacio protegido para que se logren resultados claros e identificables en conciencia.

En el libro *El corazón de la diosa*, su autora Hallie Iglehart Austen, le reza así a estas deidades:

Gran Madre Démeter, Hija Perséfone, recuérdame que, al igual que la semilla ha de ser plantada en la tierra, así yo debo sumergirme en los mundos subterráneos para nutrirme. Y hazme recordar que debo llevar mis flores y frutos a la tierra para completar el ciclo y para que la madre y la hija, la interna y la externa, se unan.

Se dice que comer semillas de granada facilita entender las verdades universales. También las puedes comer para incrementar tu fertilidad. Es la flor que representa la germinación y el misterio sagrado femenino de la sangre.

Visualización

Se sugiere utilizar el tema "Amanecer" que pertenece a *Detrás del arco iris*, una de las primeras composiciones del autor y músico chileno Joakín Bello.

Llevamos a los asistentes o a ti misma hacia las afueras de la ciudad atravesando cascadas, canales, ríos, bosques, llanuras, campos. Llegamos a una siembra de espigas: nos sentamos en medio de un claro y quedamos todas rodeadas del color dorado y miel del trigo. Nos encantamos con la abundancia de la tierra, con el calor y brillo del sol. Nos tendemos en el suelo abrazando la energía de la naturaleza, apreciando el momento, inhalando y respirando los aromas, luego seguimos caminando, apreciando los frescos olores, los ruidos del viento, el correr de la brisa y la fuerza de la naturaleza a través de las flores, sus colores, los arbustos y los árboles.

PERSÉFONE
Doncella y Reina del Mundo Subterráneo

Cultura original: Griega; Proserpina en Roma.
Tendencias y energía: Juventud, excitación, camino original, independiente, buscadora, guía del mundo subterráneo, investigadora de los submundos.
Mensaje: ¿Es conveniente para ti que te desapegues de tu familia, trabajo, amistades o amores, en estos instantes?
Símbolos: Narcisos en el campo, granos de granada, mundos oscuros y ocultos, imagen de una adolescente.
Colores: Blanco, claro, dorado, claroscuro, rosa, rojo.
Frase talismán: *Las pruebas son desafíos del crecimiento y del camino de individuación personal.*

Características principales

El binomio madre e hija Déméter y Perséfone en Grecia, Ceres y Proserpina entre los romanos, es un arquetipo base de la historia de la humanidad, ambos interdependientes para su comprensión global. Es la transmisión de la vida y del misterio de la maternidad: madres a hijas entregan esa energía insoslayable y profunda.

Durante innumerables años, la tendencia ha sido resaltar las dificultades del arquetipo de la madre, cuando su hija le fue arrebatada. Con el correr de los tiempos, el conocimiento de los mitos y leyendas de las diversas cosmovisiones, las influencias de las investigaciones y los estudios de las relaciones humanas, psicológicas y psíquicas, el advenimiento de la Era de Acuario, la aproximación a este arquetipo, se han ampliado hacia ambos de sus componentes.

La observación de las relaciones de madre e hija ha desarrollado teorías que apuntan al carácter casi dramático de este vínculo primordial, transmitido de generación en generación, en un nivel muy básico y hondo, de gran intimidad y dependencia, de naturaleza inconsciente.

En la actualidad se está resituando en la historia el carácter del mito de Démeter y Perséfone: ya no es solamente la pobre hija que fuera secuestrada por Hades y llevada, contra su voluntad, al mundo de las tinieblas y de lo desconocido, sino que se ha rescatado su valentía, su capacidad de adaptación y su interés por su propio crecimiento, desarrollo y evolución. Representa la habilidad de sobreponerse a los miedos y reinar sobre los aspectos que más nos atemorizan.

La versión griega de este mito refleja cómo el patriarcado reemplazó los misterios femeninos, a través del rapto llevado a cabo por Hades, el Señor del Mundo de lo Desconocido —señala Michael Babcock, en sus *Cartas del conocimiento de las diosas*. La alta sacerdotisa—, es un toque para que recordemos nuestra sabiduría interior. Nos exige que nos conectemos a la chispa divina interna y que la manifestemos en el mundo.

Leyenda y mitología

Se ha descrito el mito al desarrollar la historia de la Diosa Madre, Démeter. Perséfone es la doncella virgen sin nombre, la Kore o Perséfone que, desde su ser adolescente indeciso, receptivo, sutil y sensible, hace su desarrollo personal como reina de los abismos. Finalmente, su florecimiento como adulta, mujer y hembra en plenitud, a cargo de su erotismo, vitalidad y elecciones, la lleva a una energía que representa la primavera del amor. Kore, la niña virgen, representa el maíz verde; Perséfone, la joven doncella, la mazorca tierna y más madura; Démeter, la mujer madura y madre, el choclo en su punto de cosecha, y Hécate, la vieja sabia, el maíz de guarda.

Sí, porque junto a sus temores al mundo de la noche, la oscuridad y lo desconocido, Perséfone se dejó llevar de la mano de Hades, su tío, el Plutón de los romanos y representante del Eros, la atracción vital y del sexo. Desde allí surge la transformación hacia el ser interior y más profundo; la plena transición de Perséfone hacia su ser mujer, adulta, crecida, vital y sexual. Pero, a su vez, capaz de transformarse rápidamente en mujer en plenitud y luego en el alma mater, la madre, repitiendo la historia y conectándose con lo invisible, la intuición, las dificultades del encuentro, el dejar el regazo conocido para aventurarse en lo nuevo y dibujar, a tientas, a través del ensayo y el error, la senda propia.

Los seis granos rojos, como la sangre entregada, como el propio sexo que ella probara antes de abandonar el mundo subterráneo, atestiguan su interés, su impulso hacia experimentar lo desconocido y hacerse cargo de ello. Valiente Perséfone, arrebatada y audaz, queriéndolo todo y probándolo todo.

Aunque Perséfone no era uno de los doce dioses principales del Olimpo, era el centro de los misterios eleusinos —escribe Jean Shinoda Bolen— que constituyeron la principal religión de los griegos durante dos mil años antes de la llegada del cristianismo. En los misterios de Eleusis, los griegos experimentaban el retorno o la renovación de la vida tras la muerte, mediante la vuelta anual de Perséfone desde el mundo subterráneo (...) Una mujer que ha estado en el mundo subterráneo y ha vuelto también puede ser una terapeuta-guía con capacidad para conectar a otros seres con sus propias profundidades, guiándolos a encontrar el significado simbólico y la comprensión de lo que encuentran en ellas.

Entonces, Perséfone representa la traslación hacia la adultez, hacia el hacerse mujer en forma definitiva, acercándose incluso, en esa audacia, al mundo nocturno de la diosa Hécate, representante de la sabiduría que se descubre en la oscuridad, en las noches de luna negra, en el ambiente del útero cavernario, en el de la adulta y de la vieja sabia. Es la que propicia los rituales íntimos, las experiencias mediúmnicas, la empatía psíquica, la confianza en la intuición, las potencialidades que se reconocen en el contacto y el reconocimiento de todos los mundos oníricos y ocultos.

Un mito como el de la joven Perséfone arrebatada a su madre por el dios subterráneo Hades es a la vez —escriben Liz Greene y Juliet Sharman-Burke en *El Tarot mítico*— una imagen del proceso de la pubertad con su aterradora separación del confortable mundo familiar y la irrupción de la vida desconocida, y una imagen de una experiencia psicológica que puede ocurrir cada vez que nos aferramos a unas formas de ver la vida, ingenuas y virginales, y nos vemos forzados por la experiencia a descubrir profundidades desconocidas en la vida y en nosotros mismos.

Gran poder

Perséfone, la Suma Sacerdotisa, es la parte de nuestro interior que guarda los secretos más profundos y no tocados. Son vagas visiones, atrapadas en sueños, en la lectura poética, en lo grácil, en las sensaciones, en las intuiciones, en los innombrables, en la música. Nos muestran las tendencias y movimientos que funcionan cerca de nosotros y esa increíble percepción de las muchas cuestiones de nuestra vida que se concatenan y nos hacen percibir la verdad del ser y sus redes, las conexiones que, definitivamente, no se engendran por medio de la razón o la cabeza.

Las coincidencias significativas y las sincronicidades adquieren relevancia gracias a la Sacerdotisa que simboliza a la vidente, a la adivina, a los seres que se conectan con el Tarot, a los guías, a los terapeutas que trabajan con lo invisible, con los descensos y los retornos. Se muestra a través de este arquetipo: la ida y la vuelta desde y hacia los mundos materiales y de los misterios, de los vivos y de los muertos, de lo tangible y lo intangible.

Guardiana y reina del mundo de los muertos, del descenso a los infiernos y la ascensión a las glorias, Perséfone no se expresa sólo a través de la palabra, sino con el arte creativo y multifacético: los ensueños y visiones fragmentadas y, a la vez, integradores que llegan al sentir a su corazón. De alguna manera, ella es la hacedora del alma que se aventura en el laberinto y toca el centro.

Significado

Si te toca observar a Perséfone porque está en tu mapa, toma en cuenta que más de algo de tu historia, de tu mundo interior y de tu templo verdadero tiene que ver con ella. Con tu necesidad de abrirte a tu morada interna puedes generar un cambio en tus hábitos y costumbres, volcándote hacia dentro, buscando espacios de soledad, de meditación, contacto con la naturaleza, escuchando las voces sutiles de los vientos y del silencio.

Te indica que es momento de dejar lo que no te impulsa a madurar. Es un llamado a la sabiduría y evolución personal, al desapego y al discernimiento. Un llamado a tomar en serio, en forma receptiva y presente, aquí y ahora, tu anhelo de enhebrar la conexión con lo más verdadero de tu ser. Conectar con los misterios de la sexualidad, con la audacia y sabiduría de la juventud es otro de los atributos de Perséfone. Atreverse y osar, aunque sea a tientas, es uno de sus mandatos.

Otra de sus lecturas es dejar los juegos superficiales o inconscientes. Puede aparecer una guía, un maestro, incluso una atracción importante que te lleve a esos espacios apenas entrevistos, que te los haga reconocer por su vivencia misma. Experimentar con lo desconocido para llegar al sí mismo es otra de sus interpretaciones.

Para reconocer la presencia de Perséfone, algunas preguntas para recordar a la joven adolescente que ha vivido en nosotras y que cada cierto tiempo vuelve a asomar, contactándonos con la vulnerabilidad, los secretos y los misterios son las siguientes:

1. ¿Recuerdas tus primeros contactos con los mundos desconocidos? ¿Desde qué edad tuviste claro que existía algo más allá de tus percepciones corrientes? ¿Cómo tomaste contacto con ello?
2. ¿Cómo fueron las manifestaciones de tu mundo interior, de la interacción del día y la noche en tu ser? ¿Cuándo tuviste las primeras sensaciones de los clarocuros y de lo oculto?
3. ¿Cómo sentiste tus diferencias con tu madre? ¿A qué edad tuviste tus primeras rebeldías, tu individualidad consciente frente a tu madre, frente a tu abuela?
4. ¿Cuándo y cómo sentiste los primeros indicios de separación con tu madre? ¿Influyó en ello tus atracciones hacia el sexo opuesto?
5. ¿Cómo fue tu comunicación con tu madre, luego de tus primeras experiencias amorosas? ¿Seguiste con la misma interacción que tenías con ella?
6. ¿Cuándo comenzaste a hacerte cargo de ti misma y a seguir tus propias intuiciones?
7. ¿Te consideras receptiva e interesada en experimentar con lo desconocido?
8. ¿Has tenido experiencias con el mundo de lo oculto, del inconsciente colectivo, de la telepatía, la clarividencia o, incluso, vidas pasadas?
9. ¿Has consultado oráculos? ¿Cómo y cuál es tu conexión con ellos?
10. Agrega alguna pregunta o comentario que pueda ser útil para conectar con el reino de lo oscuro y sus potencialidades.

Invocación y ritual

Los equinoccios de primavera y de otoño son días significativos para la invocación de la energía y misterio de Perséfone. Las velas son siempre una luz. La granada, los granos de maíz y las flores primaverales también tienen que ver con esta doncella virginal. Una manera apropiada de invocarla es acercarse a un Tarot y, sencillamente, elegir unas cartas y dejar que nos hablen a nosotras mismas y que las integrantes del grupo también entreguen su visión; desde estos espacios podemos profundizar más. Lo importante, en este caso, es permitirse la intuición con lo que dicen las imágenes y las respuestas que se te sugieren en el momento. Otra indicación que se revela a través de los símbolos seleccionados es tu propio camino de individuación.

También se puede complementar la lectura de esta diosa con otra para comprender mejor hacia lo que apunta Perséfone en las sombras.

Visualización

Al atardecer, música de océanos, olas, oleajes, lluvias, corrientes de agua, paisaje de laguna y de lagos serenos, creaciones del músico argentino Jorge Oros, quizás algo que nos suene oscuro y misterioso. Alguna de las *Cuatro Estaciones* de Vivaldi.

Contacto con nuestros sueños y deseos más profundos. Te conviene visualizarlos hasta escritos con lenguaje clave. Sugiérete a ti misma algunas palabras.

Aparece Perséfone en ropajes claros entregándonos a cada mujer-diosa participante una palabra al oído, o una vivencia delicada. Nos sentimos abrazadas con ella y por ella.

Diosa Alquímica

*Representa a la deidad que transforma su energía.
La madurez le trae conciencia y, por ende,
transformación elegida*

AFRODITA
*Diosa del Amor, la Belleza
y el Encanto*

Cultura original: Griega; Venus en Roma.
Tendencias y energías: Belleza, autoestima, sensualidad, alegría de vivir, entusiasmo, enamorarse, conquistar, encanto personal, creatividad.
Mensaje: ¿Estás escuchando tus verdaderas necesidades amorosas y de creación personal?
Símbolos: Joyas y ropajes en dorados, palomas, cisnes, flores rojas, en especial, rosas.
Colores: Oro, blanco, rosa, rojo, azul del océano.
Frase talismán: *Soy bella y me miro en los ojos del amor, ahora y siempre.*

Características principales

Afrodita es un arquetipo de transformación. Cuando se es tocado por la llama dorada del amor, todo el ser sufre un intenso cambio, algo indescriptible; el éxtasis de los sentimientos y la atracción magnética llaman a la unión de los cuerpos para vivificar la experiencia. El romance magnifica la vida y la eterna juventud. Es el encanto, lo inexplicable, la química, una energía fantástica que produce una apertura del alma y el cuerpo.

Por ello, a Afrodita se la considera una diosa alquímica que brinda la canción del amor a todos los seres humanos, desde el sentimiento más puro e ideal hasta sus aspectos más eróticos, pasionales y lujuriosos. Afrodita simboliza el amor por el placer y las cosas buenas de la vida, así como el uso evidente del encanto personal y la seducción para conseguirlos. La conquista es uno de sus desafíos permanentes; el coqueteo sensual y sexual.

Es precisamente por esa intensa magia y misterio que despierta Afrodita que ella es la diosa más conocida e invocada en este mundo terrenal. La leyenda también le atribuye grandes poderes que ella ejerció sobre los dioses y sobre algunos mortales.

El goce del amor transforma su actitud hacia ella misma, hacia los demás y hacia la vida en general. Uno se enamora del hecho de estar enamorado. Uno se enamora del amor. Para un ser humano es muy importante sentir la llamada de la diosa del amor, pues el goce sensual modifica su actitud hacia sí mismo, hacia los demás y hacia todo. Se produce una disolución completa del ego y de la personalidad común y corriente.

La apariencia de Afrodita es la personificación de la belleza del femenino, con un rostro muy perfecto, hermosos pechos, un cuerpo seductor y una sonrisa muy atractiva e incitante; en cierta manera, todos los que la ven desean hacer el amor con ella. Ella recibe —con mucha gracia y vivacidad— el encanto que despierta, pues es empática y muy activa. Definitivamente, nada de lo racional tiene que ver con este halo luminoso y dorado que envuelve a Afrodita, una y otra vez, en cada situación diferente. Existe en ella gran potencialidad, entusiasmo y creatividad, que se transforman en un proceso de mucha activación y sensualidad para muchos seres.

Se la representa asociada a las palomas, esas aves que se arrullan, y con los cisnes, montada sobre uno de ellos; se la llama "el pájaro blanco del cielo". Se la expresa en imágenes arriando un carro brillante de luz. En su lado izquierdo la acompaña el signo del planeta Venus, estrella de la mañana y de la noche, emblema de lo femenino y símbolo universal de la mujer. También hay allí un círculo y, bajo él, una cruz, semejando un espejo. En la mano derecha lleva un báculo de oro, imagen de su supremacía en la Tierra. La representan también flores y frutos, en especial las rosas rojas, que ya la simbolizaban en los poemas caballerescos medievales. Granadas y manzanas doradas aluden asimismo a ella.

Su presencia evoca dulces fragancias y aromas seductores.

La sabiduría de Afrodita es el recordar que tu cuerpo es un transportador que se va transformando —expresa Jill Fairchild en la carta Afrodita del juego *Las cartas de sabiduría de la Diosa*—, uniendo tu sexualidad con su poder sagrado. Cuando tu corazón se expresa abierta y libremente y reconoces tu propia belleza y sensualidad, entonces experimentas la magia de la Diosa en tu vida.

Leyenda y mitología

El nombre Afrodita significa "nacida de las espumas". Es la primera mujer que nació del océano de la creación. Venus, la diosa griega Afrodita, se hizo a partir del mar y de las aguas; llegó a la tierra en una concha, objeto sagrado que se identificaba con la vulva femenina. Conocido y admirado es el cuadro de Sandro Boticelli, *El nacimiento de Venus*, que expresa el origen de la deidad y que transmite su belleza y energía maravillosa a todos quienes lo contemplan. Consumar las relaciones y generar nueva vida son los objetivos principales de Afrodita.

En el poema mítico de Hesíodo, se dice que Cronos, el dios del Tiempo, cortó los genitales a su padre, Urano, cuyo semen cayó al mar; entonces, una tenue brisa transformada en serpiente, unida a las fértiles olas, dio a luz a Afrodita. Los vientos y las olas la llevaron hasta Chipre, la isla que se convirtió en su hogar y donde, al poner el pie en la tierra, brotaron flores de todo tipo. Sus acompañantes, las tres Gracias, representan las maravillas que la divinidad ofrece si decide favorecer las súplicas terrenales de sus adoradores.

El mirto, símbolo ligado a Venus y a la diosa egipcia Hathor, trae buena suerte a los enamorados. Su aroma inspira amor y atracción. Las novias del mundo grecorromano y en Inglaterra llevaban guirnaldas y ramos de mirto el día de su boda.

Homero atribuye a Afrodita un nacimiento convencional, siendo hija de Zeus y de la ninfa del mar, Dione.

Una tercera versión la sitúa bajo el nombre de Moira y se dice que ella era más vieja que el tiempo y que tenía que ver con las Moiras, diosas del Destino. Se dice que no sólo era griega sino que se la conocía como Astarté, Ishtar o Inana, la diosa más antigua del templo babilónico. Era la madre ancestral de los romanos, porque fue la que dio a luz a Eneas, el fundador de la capital italiana.

Durante la era cristiana, el templo de Afrodita en Chipre se convirtió en el santuario de la Virgen María. Esta Afrodita era la manifestación de la Gran Diosa que regía el nacimiento, la vida, el amor, la muerte, el tiempo y el destino, reconciliando al ser humano a través de lo sensual y de lo sexual con el amor y la vida.

Venus es la estrella del atardecer que era llamada Stella Maris, Estrella del Océano. En su sagrada ciudad, en Venecia, el Día de Ascensión de cada año, el duque de la ciudad llevaba a cabo un ritual marital con ella, arrojando a las aguas un anillo de bodas. Esta práctica continuó hasta los tiempos renacentistas, luego de que Stella Maris fuera asimilada al arquetipo de María. Bajo el nombre de Venus se la conoció como la madre de Venecia y se la llamaba la Reina del Agua.

A diferencia de otras diosas que no habían escogido a sus compañeros ni a sus amantes, Perséfone fue raptada, Hera fue seducida y Démeter fue violada, Afrodita fue libre de escoger —señala Jean Shinoda Bolen, en *Las diosas de cada mujer*—. Eligió a Hefestos, el dios cojo de los artesanos, del fuego y de la forja. De este modo, el hijo rechazado de Hera se convirtió en el marido de Afrodita.

Ella engañó a Hefestos frecuentemente, manteniendo relaciones con otros dioses y con algunos mortales. Afrodita y su marido no tuvieron hijos, pero ella los engendró de su amante, Ares, dios de la guerra; con él tuvo tres hijos: Armonía, representando esa energía; Deimos, es decir, "terror" y Fobos, o "miedo". Afrodita y Ares representaban la unión de las pasiones más incontrolables: el amor y la guerra (el balance no era fácil). Asimismo, Afrodita estuvo ligada sentimentalmente a Hermes, el mensajero de los dioses, con quien tuvo un hijo, Hermafrodito, que heredó todas las bellas condiciones de ambos: sus nombres, su belleza, además de las características sexuales de los dos. Otro romance de Afrodita fue con el joven y bellísimo Adonis.

Creatividad y creación

> A ella se la encuentra tanto en la noche brillante y azulada como en los cuerpos fogosos, por lo cual en algunas oportunidades se la conoce por el nombre Urania —escribe Patricia Monaghan—. Ella es un símbolo místico de todo lo que nos conecta, entre nosotros, con el mundo que nos rodea, con el cosmos en su totalidad... En todos sus mitos Afrodita es la fuerza de atracción, de conexión, de pasión, de risas, de la forma más alegre de vivir el amor... ¡Cómo de árida sería nuestra vida sin ella!

Este arquetipo, cuando es vivido y expresado con libertad, puede enfrentar a la mujer con la sociedad o con la moral social. Por otra parte, cuando Afrodita no es correspondida en su pasión, tanto el resentimiento como la frustración y la ira son muy intensos:

> Pero ella también es celosa, cruel y promiscua, no deteniéndose ante nada con el fin de satisfacer sus apetitos sexuales —escribe Pamela Mathews y agrega—: Existe un espacio más alto de Afrodita que es su amor incondicional, su amor espiritual y en donde se la conoce como Urania.

El aspecto creativo surge de una implicación intensa y apasionada: casi como un amante, la artista interactúa con "lo otro" para crear el ser de algo nuevo, según destaca Jean Shinoda Bolen en su libro *Las diosas de la mujer moderna*. Esto otro puede ser una pintura, una composición musical, una escultura, un poema, un manuscrito, una nueva teoría, que durante un tiempo es completamente absorbente y fascinante para las Afroditas modernas. Implica el ensimismamiento y la concentración.

La creatividad también es un proceso sensual y evocador para muchas personas; es una experiencia sensorial del momento que abarca el tacto, el sonido, las imágenes, el movimiento y, a veces, hasta el olfato y el gusto. Afrodita vive de tal manera el momento que hace planes con entusiasmo y con toda la intención de llevarlos a cabo, pero cuando llega el momento puede estar absorbida por otra cosa u otra persona. Cuando esto se repite mucho, ella madura y la vivencia comienza a ser su real consejera.

Significado

¿Estás escuchando tus necesidades del amor en todos sus planos? ¿Te das tiempo para conectarte con esa energía, cuidándote interna y externamente? ¿Hay apertura de tu ser hacia el amor no sólo desde lo mental, sino desde lo energético? ¿Asumes en plenitud tu encanto personal? ¿Estás abierta al amor incondicional, al amor a todos los seres de la humanidad?

Es momento de revisión profunda respecto de tu vida amorosa en todos los planos.

Para tomar contacto con Afrodita, revisemos nuestras historias de amor, de encantamientos y las diferentes experiencias que hemos vivido, a través de las siguientes preguntas:

1. ¿Recuerdas la primera vez que literalmente casi te moriste de amor? ¿Qué sentiste? ¿Cómo ves ahora esa vivencia?
2. ¿Recuerdas tu primer contacto con el sexo? ¿Y la primera vez que sentiste deseos sexuales?
3. ¿Recuerdas tu primera experiencia sexual? ¿Fue satisfactoria para ti? ¿Cómo te sentiste en esos momentos? ¿Cómo ves esa experiencia?
4. ¿Alguna vez te sentiste forzada a tener una relación sexual? Si fuera así, ¿cómo te sientes frente a ese suceso, ahora?
5. ¿Tienes fantasías eróticas? ¿Te gusta tenerlas? ¿Sientes vergüenza de ello?
6. Cuando eras adolescente, ¿te encontrabas atractiva y digna de merecer amor? ¿Qué mensajes te entregaban al respecto tus seres más cercanos?
7. ¿A través de qué otras maneras expresas tu fuerza vital y creativa? ¿Qué otra cosa te entusiasma tanto como el sexo?
8. ¿Cómo te sientes frente a la sexualidad? ¿Hay cuestiones que te dan miedo?
9. Tienes visualizaciones de escenas eróticas, de películas, televisión o de la vida real. ¿Qué te dice eso con respecto a tu sexualidad?

10. ¿Escuchas tus necesidades del amor en todos sus planos? ¿Te das tiempo para conectarte con esa energía, cuidándote interna y externamente? ¿Hay apertura de tu ser hacia el amor no sólo desde lo mental, sino desde lo mágico?

Invocación y ritual

Afrodita te está diciendo que para amar a otro primero hay que amarse a sí mismo, a sí misma. ¡Ábrete a la sensualidad de la vida y a todas las experiencias amorosas! ¡Diviértete! ¡Aprende a disfrutar y gozar la naturaleza, la música, el arte, la poesía, las personas! Expresa tu amor a tus seres queridos.

Los colores como el cuarzo rosado, espumas de baño que huelen a rosas (otro nombre para Rose, en inglés Rosa, es Eros, que utiliza las mismas letras) y otras flores, aromaterapia y masajes, velas, delicias. Busca todo lo que te haga sentir maravillosamente bien, atraerá a tu vida esos espacios y te ayudará a conectarte más y más con el frescor y la dulzura del amor. Toma baños perfumados, prende velas e inciensos, encuentra los aromas que más te interpreten, aprovecha estos instantes de encantamiento con tu ser: sus gustos, sus sentidos, el ampliar la percepción, la perspicacia e inteligencia emocional de tus propias antenas del placer y la estética.

Repite con intención y no en forma mecánica: "Yo me amo a mí misma; cada día me amo más a mí misma y amo a todos los seres que encuentro en mi camino". Puedes enviar un "te amo" a muchas personas cercanas a ti, a otras más lejanas y hasta alguien con quien un problema o desencuentro, con el fin de sanar esa energía. Verás que lanzando esa armonía desde ti todo comienza a aplacarse. Conéctate con tu corazón, con tu centro interior, para abrirte al amor universal, incondicional, divino, filial, de pareja.

¡Recuerda que las flores y las plantas vivas son símbolos del amor! Ten una flor fresca en tu altar, ojalá siempre, y más aún cuando leas esto y en estas semanas, en las que deseas recibir los efluvios de Afrodita, la dorada diosa del amor. Uno de los días en que se la celebra es el 14 de febrero, Día de los Enamorados, Día de San Valentín, casi en todas partes del mundo. La entrada en el signo de Libra traen asimismo a Afrodita, que es la diosa regente de esta constelación.

Visualización

Música suave y relacionada con el amor romántico. Nos visualizamos cerca de las aguas primordiales. Hay círculos, espuma y oleajes calmos, aparecen las sirenas en el agua y nos invitan a sumergirnos a allí. Nadamos con ellas, que están rodeando a una mujer es muy bella, alegre y simpática con todos y todas. Ella sale del agua y crecen flores a sus pies. Aparecen, surgidos de los bosques aledaños, los príncipes azules y se entra a un momento de encuentro y empatía comunicativa. Vemos a

Afrodita y sus juegos amorosos. Recibimos sus mensajes positivos. Nos vemos a nosotras mismas en situaciones de seducción, de coqueteo, de sensaciones ardientes, vitales y positivas.

Diosas de Gran Fortaleza Personal

Son las divinidades de distintas civilizaciones que representan totalidad, creación, poder, intensa vitalidad y dominio.

ISIS
Diosa de la Vida y del Eterno Retorno

Cultura original: Egipcia.
Tendencias y energías: Completitud, partogénesis, sabiduría, protección, sanación, contención, devoción, misterio, poder, capacidad de gobierno, almas gemelas.
Símbolos: Cruz ansata de la sabiduría, el ankh, el trono, la cobra, los jeroglíficos egipcios, las alas extendidas, la Luna creciente, llena y menguante.
Mensaje: Isis, La Gran Ella —te inspira—, es una creadora por excelencia, semejante a la Gaia griega, con amplios dones y talentos de poder mediúmnicos y de grandeza.

Colores: Dorados, blanco, azul cobalto, carne y mate.
Frase talismán: *Avivo el aliento de vida que me sustenta y renueva cada día.*

Características principales

Isis, Diosa Madre de Todo, hija del tiempo, fue adorada en la antigua mitología egipcia. Isis es la fiel representante de la belleza interna y del despertar espiritual. Fue esposa, viuda y hermana en la historia de Egipto y, por ello, una Triple Diosa. Por otra parte, fue llamada diosa del Nilo, reina de la Luna y de los oráculos, imagen del destino, la intuición y la inteligencia. Otra de las cualidades de Isis es ser símbolo del fiel retorno de la vida, señora de todos los elementos.

Fue amante y protectora, positiva y serena ante y hacia todos los seres. En su rol de creadora y de regeneradora de la vida, se dice que ella dio luz al Sol en su primera aparición sobre la Tierra. Fue la una que lo es Todo, de acuerdo a los textos del historiador, filósofo y devoto de Isis, Lucio Apuleyo. Otra de sus excelencias es ser la más sabia entre las más antiguas de la tribu.

Su figura a menudo porta la cruz ansata de la sabiduría o ankh en una mano, como símbolo de la iniciación y de la vida eterna; en la otra, una flor de loto de un blanco radiante, desplegando sus alas de luz dorada hacia las alturas. Se destaca que la sola ankh la representa y que esta cruz expresaba en los jeroglíficos el término vida. Además, esta imagen simboliza la unión de lo masculino y lo femenino: el óvalo del órgano sexual femenino sobre el órgano sexual masculino.

Por otra parte, es la sabiduría y la verdad en la tierra y en el cielo. Se la ilustra a través de las lunas creciente, plena y menguante, con las que forma los cuernos de una vaca, animal sagrado en Egipto. Otra manera de hacerlo es con la imagen del disco solar y los cachos de la vaca, con lo cual se la identifica con la diosa Hathor, deidad egipcia de la creación, del disfrutar, la música y la alegría. Su producción de leche se compara con el flujo dador de vida. La leche, en la cosmovisión egipcia y en otras, se ve como un medio de transmisión de los poderes sagrados de la divinidad.

Leyenda y mitología

Los sucesos que le tocó vivir explican la completitud de Isis; es la única divinidad egipcia que tiene una enorme historia personal. Nació de la diosa del Cielo, Nut, y del dios de la Tierra, Geb. Fue hermana y esposa de Osiris, simultáneamente, que fue el primer dios nacido en Egipto; estas labores incluían el ser la Reina de Egipto durante los viajes de su esposo. En los tiempos que le tocaron, gobernó con gran sabiduría, incluso enseñó medicina básica a todos los súbditos del reino, por lo cual se la consideraba una reina muy dadivosa, sanadora y protectora.

Cuando Osiris fue muerto por su propio hermano Seth, las lágrimas de dolor de Isis fueron tan abundantes que crearon las crecidas del río Nilo, con lo que se consiguieron abundantes y generosas cosechas. Por ello, se la considera la diosa de la fertilidad.

Isis, en sí misma, fue la representación de la diosa pájaro del neolítico, que abría sus enormes alas para traer de vuelta a Osiris. La leyenda afirma que lo logró por algunos tiempos, durante los cuales él le engendró a su hijo Horus. Luego, Isis utilizó el sistema de embalsamarlo para revivirlo y Osiris llegó a ser el guía del mundo subterráneo y de la eternidad.

El mito revela así la historia del panteón egipcio. Cuando Osiris fue asesinado por Seth, Isis se sintió tan apenada que partió a buscar el cuerpo de su amado esposo. Cuando lo encontró dentro de un cajón en las raíces y el tronco de un tamarisco, en las playas de Biblos, Fenicia, lo llevó a unas ciénagas para dejarlo escondido. Otra versión señala que el tronco del árbol fue llevado al palacio para ser utilizado como uno de los pilares de la casa real. Cuando lo supo, Isis le rogó a la reina Astarté que le entregara la columna con el cuerpo de su amado Osiris.

Sin embargo, a pesar de sus precauciones, Seth encontró el cuerpo de Osiris y lo cortó en 14 pedazos, uno por cada noche de Luna menguante. Se dice que el dios Thot confirió un inmenso poder a Isis, puesto que ella encontró los despojos de su marido e hizo construir diversos templos dedicados a Osiris. Luego, ordenó fabricar un falo de oro, único órgano del cuerpo que faltaba.

Enseguida, murmurando las palabras de aliento de la vida y de la muerte, le insufló el don vital, devolviéndole la vida a Osiris. Esta entrega se señala como la de dos compañeros de alma o almas gemelas.

Como resultado de su unión, Isis concibió y dio a luz a Horus, el Dios halcón, el que permaneció junto a ella escondido en Egipto hasta que se acercó la edad en que pudo gobernar, reapareciendo en gloria y majestad en el país y volviéndose el protector de la monarquía egipcia.

Isis, la de los mil nombres

Isis fue la única divinidad que consiguió descubrir el nombre secreto del Dios Sol, Ra, con lo cual disminuyó los poderes mágicos de este. El nombre Isis quiere decir "trono"; es el sitio de toda la autoridad, la verdad y la sabiduría tanto en la tierra como en el cielo. Ella era el trono en el cual se sentaba el faraón.

Isis, la señora de los mil nombres, es un arquetipo femenino muy global, venerado y reconocido a través de sus múltiples manifestaciones. Con sus alas desplegadas en vuelo, la imagen y conocimiento de la Madre Isis representa la liberación, a través del ejercicio de todas las potencialidades humanas y del contacto con la divinidad. Santuarios y lugares de oración se construyeron para adorarla y se la consideró una Diosa Universal, desde 3 mil años a.C. hasta, aproximadamente, dos siglos después. Se la identificaba con Démeter, Hera y Afrodita. Más adelante, la imagen de la Diosa Madre con el Hijo fue absorbida por el símbolo cristiano de la Virgen María y el Niño, la imagen universalista de la Madre y el Niño.

A Isis se la considera la fundadora de la institución del matrimonio —de las relaciones organizadas entre hombres y mujeres— en la cual florecen los lazos fuertes y amorosos de la familia. Se la considera, asimismo, la creadora de las artes del hilar y el tejer. Esto la vincula con el quehacer del destino, en cuanto guardadora del orden cósmico y quien mueve las redes de la vida y su renovación.

> El germen del arquetipo de Isis es la conciencia de ser la sede de la vida, la conciencia de una mujer de su propia función de iniciadora, nutriente y agente para que la vida cumpla sus propósitos —señala Manuela Dunn—. Este conocimiento impregna el carácter de la mujer Isis, que posee el don "concedido por la Diosa" del dominio sobre su propio destino. En otras palabras, la mujer Isis sabe que su vida y su cometido de madre son parte de la gran mezcolanza que forma el modelo de la existencia.

Isis y su hermana melliza Neftis son versiones del mito básico de la Diosa: Creadora y Destructora, Madre Dadora de la Vida y, a la vez, la Sabia de los territorios de la Muerte. Los egipcios la llamaban de muchas maneras: Ama, Nut, Hathor,

Bast, Maat, Mut, Heqit, Sekhmet, entre otros nombres, que constituyen las diversas presencias y figuras del arquetipo egipcio femenino de la deidad. Muchas de estas divinidades están relacionadas con las vacas y los felinos.

Significado

En tu lectura, Isis te recuerda tu propia integridad, tus múltiples roles de mujer, madre, esposa, hermana, partera. Te recuerda tu fortaleza, tu realeza y totalidad al llevar a cabo tus propósitos y tu misión de vida. Te hace mirarte en todos tus aspectos, en cada uno de los planos de la existencia.

Si Isis sale hoy en tu consulta se te dice que estás protegida por la diosa de los mil nombres. Que confíes en tu maga y en las señales que te llegan de su presencia anímica. Pero, asimismo, te habla de tu necesidad interna de estar más protegida por alguien en cuerpo y alma. Anhelas un manto protector para sanar antiguas heridas. Encuéntralo más bien dentro de ti: si invocas a Isis, la fortaleza nunca te fallará y podrás enfrentar cualquier cosa con responsabilidad, coherencia y éxito.

Preguntas para reconocer la presencia de la diosa Isis, la diosa que envuelve uno de los arquetipos máximos, a lo largo de las fases de nuestra vida: niñez, adolescencia, vida adulta y sabiduría:

1. Cuando has tenido pesares profundos, ¿cómo has encontrado consuelo? Revisa y comparte

tus experiencias en las diferentes etapas de tu vida.
2. ¿Cómo sientes tu cuerpo físico cuando estás deprimida o ansiosa?
3. ¿Qué haces cuando te sientes así? ¿Existen cambios entre tu forma de abordar los problemas, antes y ahora?
4. ¿Has adoptado algún hábito cuando sientes depresión o ansiedad?
5. Haz una lista de los espacios físicos y psíquicos más importantes de tu vida, en orden decreciente.
6. Observa tus amores, necesidades, objetos. Imagina cuál es el miedo a dejar uno de ellos.
7. Recuerda a algunas personas cercanas a ti o personas públicas que han sufrido y observa cómo han reaccionado. Señala qué características comunes existen entre tú y ellas.
8. ¿Qué ideas o qué principios te han servido para atravesar tiempos difíciles? Contáctate con los valores que has observado en estos casos y también obsérvalos en otras personas.
9. Describe tu Sol y tu Luna, tus llamados lado femenino y masculino. Revisa ambos a través de las variadas etapas de tu vida.
10. ¿Qué es para ti la totalidad? Relata experiencias de la vida que te hayan conectado con esa sensación, con ese sentir.
11. Imagínate una cueva oscura en la cual vislumbras a lo lejos un tesoro ¿Cuál sería este? ¿Cómo sería? Dibújalo, escríbelo, relátalo.

12. ¿Qué capacidad tienes de regenerarte? ¿Cómo enfrentas tus problemas?

Invocación y ritual

Invocar a una diosa tan completa como es Isis, dueña de los destinos de los seres, diosa madre de los oráculos y fundadora de las dinastías egipcias, requiere ese deseo profundo de mutar y de elevarse.

La plegaria que se publica en La sabiduría de las diosas para Isis reza así: *La sabiduría y voluntad de una mujer no terminan nunca. La mujer puede sobrepasar cualquier obstáculo que encuentre en su camino. Llámame cuando te sientas sin poder o baja de energía. Yo restauraré tu fuerza y fortaleza.*

Otra oración universal dice así: *Oh, amorosa Isis, haz de mi vida una tierra fértil en la cual pueda plantar las semillas de relaciones humanas amorosas. Enséñame a avivar el aliento de vida que me sustenta y regenera cada día. Guíame en mi búsqueda del conocimiento para que me convierta cada día en un ser más completo y evolucionado.*

Otra indica: *Gentil y amorosa Isis, ayúdame a sentirme completa y grande como tú, bella y diosa, emperatriz y madre, artista y creadora, clara y difusa como el claroscuro, aceptando mi entrega original y desarrollándome más y más hacia el camino de la luz propia.*

Una similar es: *Isis de los tiempos infinitos en la que se da lugar a la búsqueda de dios, la pregunta por el origen; donde las versiones de la mitología llenan el vacío de la muerte y explican la vida, las divinidades, los nacimientos, las enfermedades, los gobiernos, la magia, el universo… Ayúdame a crear mi propia realidad desde mi profundo ser interior.*

Los símbolos más importantes que la representan son las piedras rojas como el jaspe y el granate, la amatista, el color plata y el color luna, los halcones y las imágenes del tercer ojo egipcio u Horus, su hijo. Llevarlas en una bolsita, usar túnicas blancas o plateadas atrae hacia ti y tus seres cercanos los atributos de Isis. Siempre es positivo si los incorporas con honestidad: elevar tu mente y tu palabra para invocar las cualidades de la Gran Madre Egipcia te traerán su vibración y su frecuencia.

Visualización

Si estamos en grupo, una de nosotras guía primero una relajación de todo el cuerpo. Nos visualizamos entrando en los caminos aledaños a las tumbas egipcias de los faraones, a las enormes construcciones y, a lo lejos, vemos las pirámides como testigos silenciosos. La música es del desierto, lenta y acompasada. *Carmina Burana* o unas danzas orientales, con volumen bajo, como música de fondo. Vemos a la diosa Isis en su esplendor, erguida, con sus alas desplegadas a la vista cual ave fénix, empujándonos hacia delante y hacia lo alto. Llama la atención su regio porte, su estatura, su dignidad: los lleva adelante en gloria y majestad como una especie de leona principesca.

Hay una serpiente, símbolo universal, presente. Nos imaginamos entregando a la diosa, ya sea algunas pertenencias, talentos, dones o condiciones negativas. Sentimos su impulso hacia nuestro desarrollo, su mirada hacia la integración, el brillo de su rostro y de su cuerpo, sus ropajes, su energía. Sus joyas evidencian protección divina y materializada. Se produce una alquimia entre nosotras. Un traspaso energético: Soy Isis, el misterio y la sanación, la sabiduría y la protección, la Madre de la Vida: estoy en ti, en todas y en todos.

Finalmente, nos confundimos en un abrazo con ella.

FREYA
Diosa de la Sexualidad

Cultura original: Escandinava y céltica.
Tendencias y energía: Audacia, liderazgo, interés, amor por las joyas, el lujo, el poder, fuerza.
Mensaje: ¿Estás aceptando tu eros en plenitud? ¿Lo vives como te corresponde, de acuerdo a su naturaleza primitiva?
Símbolos: Gatos, carruajes, runas, margaritas, piedras preciosas como el ámbar, joyas, una mujer desnuda con un collar al cuello.
Colores: Amarillo transparente, ocre, blanco, carne.
Frase talismán: *Soy el fuego que me eleva y me hace disfrutar la vida.*

Características principales

Freya, o Freyja, nombre que alude a la doncella, se considera la diosa nórdica de la sexualidad y el liderazgo. Se la pone junto a Frigga, otra deidad de ese panteón cuya energía es más adulta y celestial; ambas son aspectos de la Gran Madre. La primera, más joven e intuitiva, relacionada con la Luna; la segunda, mayor y más madura, conectada con la germinación de la tierra.

Las valkirias en sus caballos, con su energía mediadora entre el cielo y la tierra, fueron representadas como cisnes alados y las tres nornas, hilanderas de la rueda del destino, son expresiones de la Triple Diosa y son algunas imágenes femeninas clásicas de la mitología germana y escandinava. Durante la Edad Media se recogieron diversas versiones de esta cosmogonía, a través del conocimiento y estudio de las eddas, especies de hadas.

Freya, en una versión muy completa, es vista como la diosa del amor, de la esencia de la sexualidad, del matrimonio y, también, como guía en el mundo de los muertos; asimismo, se la asociaba a las guerras y las riquezas. Además, se la conoce como la mujer de Odín, dios del cielo y deidad principal de la mitología nórdica, a quien le habría enseñado magia. A él se le atribuye el origen de las runas, primer oráculo que se conoció en Occidente.

Leyenda y mitología

La historia del mito cuenta que ella vivía en el palacio de Folkwang —reseñan los autores Caroline Smith y John Astrop en el libro *El oráculo de la luna*—. Cuando acompañaba a Odín al campo de batalla, estaba autorizada a traer de vuelta a la mitad de los guerreros muertos; la otra mitad de los jóvenes caídos pertenecía por derecho a su esposo, el que los llevaba al Walhalla. Los escogidos por Freya podían recrearse en el palacio de la diosa, quien en su condición de comandante supremo de las Valkirias, en ocasiones ofrecía cerveza a los guerreros de Odín que permanecían en el Walhalla.

Otra visión significativa respecto a Freya es su desnudez: sólo iba vestida con un gran collar de oro y piedras preciosas, confeccionado por cuatro enanos que vivían cerca de su palacio. Cuando lo vio, quiso comprarlo, ante lo que aquellos le dijeron que podía quedarse con la preciada joya siempre que pasara una noche con cada uno. Freya la ansiaba tanto que accedió. Después se la robó el dios Locki y al acudir a su marido para consultarle cómo podía recuperarla, este le señaló que debía provocar una batalla entre dos reyes y ella se hizo cargo: tanto deseaba tener su tesoro.

Otras versiones, menos materiales y más sensuales, señalaban que usaba sólo un adorno de plumas, mágico, que le permitía volar y atravesar diferentes mundos. También se dice que poseía grandes aptitudes de brujería, enseñando conjuros y pociones a sus compañeros, los dioses del panteón. Se dice que les daba manzanas de la inmortalidad, cultivadas en su jardín, para rejuvenecerlos.

A Freya la llamaban la joven lujuriosa. La primera parte de su nombre corresponde al sexto día de la creación, el viernes, que en la astrología también está relacionado con el amor, a través de la diosa romana Venus, del encanto, la vitalidad erótica y el romanticismo. También es el día de la presencia femenina, a través de la diosa Shejinah, divinidad que aparece todos los viernes en el Shabat o descanso, según lo estipula la mitología hebrea. Se comenta que es el día más apropiado y de más suerte para el encuentro de los enamorados, las parejas y las celebraciones matrimoniales. Líder de las valkirias, Freya era la diosa que más recibía plegarias de amor.

Por otra parte, Michel Babcock, en su texto *Cartas del conocimiento de las diosas*, afirma:

> El rostro y las formas de las valkirias son las últimas imágenes que uno recibe antes de morir, de allí su importancia. Se dice que ellas son guías que conducen al ser por el reino de la muerte. Para la gente antigua la muerte era parte de un proceso cíclico que conduce a la vida nuevamente. La valkiria, entonces, representa aquella parte nuestra que no tiene miedo de internarse por los lugares más recónditos y que, incluso, nos puede conducir dentro de ellos. Ella nos recuerda que las semillas germinan en la oscuridad y que a veces necesitamos lo oscuro para crecer.

Deidad de la magia, se señala que su manifestación es la libertad vital y la regeneración; juega su rol con todos los dioses, y cuando Freya aparece saliendo de un lecho de plumas y vestida sólo con un collar de ámbar, ningún hombre puede resistirse a sus encantos, como tampoco pudieron hacerlo los dioses. Las piedras reflejan las luces del arco iris, los destellos del crepúsculo, los ardientes atardeceres y los primeros rayos del amanecer.

Se dice que sus amantes abarcaban todos los dioses del panteón escandinavo, aunque fue fiel a su hermano y compañero preferido, Freyr. Tuvo dos hijas con Odín: Honossa y Gersemis.

Un oráculo occidental

Las runas son el oráculo de signos y talismanes que nos llega desde el mundo vikingo. En el antiguo alfabeto gótico, utilizado por germanos y sajones, la palabra runa alude a algo especial, secreto, no develado. Los dibujos de las runas se grabaron en cortezas de árboles, en piezas de madera, hojas de roble, metal, cuero, huesos, plumas, piedra y cerámica, considerando que estos materiales tienen un poder sagrado por ser objetos de la naturaleza. Muchos de ellos no se utilizaron sólo como instrumentos de adivinación y de magia, sino como protectores en vasos, copas, escudos y barcos de los vikingos; hasta se dibujaban sobre la piel y las heridas de los guerreros como elementos de curación. Además, como imágenes, acompañaban a la poesía y la escritura.

Su origen se atribuye al dios Odín, conocido como Mercurio, el mensajero alado de los dioses en la mitología greco-romana, el Hermes de los egipcios, el puente y comunicador de mundos en las diversas cosmogonías. La leyenda señala que Odín estuvo colgado del Árbol de la Vida por un período de nueve días, con sus correspondientes noches, sin comer ni beber. A través de este sacrificio tan doloroso obtuvo el conocimiento de las 24 runas básicas; a ellas se agregó, después, la runa blanca de todas las potencialidades y otros talismanes. El Yggdrasil, nombre mítico del árbol cuyas ramas sostenían y conectaban con la sabiduría de los tiempos, fue regado por una fuente de agua, que estaba junto a sus enormes raíces y que representaba a la diosa Erda, y que produjo que creciera tanto que llegaba hasta el cielo.

Se puede solicitar la intervención de los seres mitológicos para que ayuden a la comprensión de las respuestas otorgadas a través de un lenguaje especial y con palabras llenas de matices y sugerencias. Las diosas y dioses de la mitología nórdica rigen también los días y planetas del universo. Son los siguientes:

Dios-Diosa	Día	Planeta	Dominio
Baldur	Domingo	Sol	Sanación, familia, crecimiento.
Freya	Lunes	Luna	Intuición, psiquismo, lo oculto.
Twiz	Martes	Marte	Discusiones, valentía, acción.
Odín	Miércoles	Mercurio	Sabiduría, comunicación conocimiento.

Thor	Jueves	Júpiter	Abundancia, expansión, generosidad.
Friga	Viernes	Venus	Amor, eros, belleza, fertilidad.
Las Nornas	Sábado	Saturno	Destino, límites, el tiempo.

Preguntas para contactar con las características de la diosa Freya, en las diversas fases de nuestra vida:

1. ¿Hay intereses y búsquedas personales que han marcado tu vida?
2. ¿Has experimentado con algún interés particular dentro de los terrenos no convencionales?
3. Si lo has hecho, ¿cómo sientes estas experiencias?
4. ¿Has sentido que a través de tu atracción, vitalidad o belleza puedes conseguir algo más que otras mujeres?
5. ¿Cuáles consideras que son tus rasgos más atractivos?
6. ¿Utilizas el sexo como una clave significativa en tu vida?
7. ¿Cuáles son los aspectos de tu sexualidad que más reconoces?
8. ¿Qué te evoca la imagen de las valkirias?
9. ¿Qué ha significado la desnudez en tu vida?

Significado

Un buen regalo es la aparición de Freya en tu lectura. Está llamando a tu despertar vital. Te hace preguntarte si estás aceptando el eros como parte de tu ser; si le estás dando la importancia y atención que merece. Es tiempo de que te conectes con tu sexualidad, reconociendo su poder generador, su vibración y lo que te provoca.

Invocación y ritual

La sexualidad unida a la creación es un impulso vital a la creatividad, produce un innegable despertar del cuerpo y de todos los centros vitales de mucho placer, energía y buena onda. Además, permite el ejercicio de un rol de líder, de impulso e inspiración para los otros. Freya llama a tu vibración vivaz, a la felicidad de estar viva. Te hace preguntarte si aceptas esa parte de tu ser; si le estás dando la importancia que merece.
Esta clase de frecuencia te electriza y te hace sentir energética. Si cierras esta puerta de tu ser, si limitas su expresión, no permites a la corriente de vitalidad que te atraviese y te haga sentir alerta y más consciente.

A la diosa te acercan las frutillas por su color, el chocolate por su aroma y por ser la droga del amor desde los tiempos de Moctezuma en México, además de los ropajes dorados que te ayudan a conectarse con las vibraciones amorosas y de las pasiones.

Haz ramos de margaritas como ofrenda a la diosa Freya. Ponlos en tu altar o capilla o cuélgalos en un árbol o arbusto de los bosques o de tu jardín o balcón.

Un ritual de tambores, música celta de danzas tradicionales, bailes africanos y tropicales acentuarán todos estos impulsos, tu felicidad y tu frenesí vital; podrás despertarlos y reconocerlos dentro de ti misma. Es esta misma energía la que también, a la larga, va despertando tu ser espiritual; pero el primer despertar es el sexual y erótico, en especial en una mujer joven, pues la impulsa a hacerse cargo de su energía, conduciéndola y dirigiéndola hacia donde quiera.

Otra forma de conexión con esta vitalidad fogosa es a través de los cuatro elementos. Déjate un tiempo libre, llega a tu santuario personal, busca un lugar cómodo en el cual nadie te interrumpa y toma contacto con el aire, el fuego, el agua y la tierra. "Haz el amor con cada uno de los elementos" —sugiere Amy Sophia Marachinsky, en *Goddessess Oracle*—. "Toma una respiración profunda y deja que la segunda vez, el aire penetre por tu vulva hacia tu útero. Siente que tu útero se llena de sensaciones de placer. ¡Permítete sentir bien!"

Luego, anda incorporando los otros elementos, imaginándote cómo cada uno te acaricia y cómo te sumerges en su frecuencia. Hazlo con tiempo, vivenciando los elementos de la naturaleza en cada parte de tu cuerpo, en tu rostro, en los órganos interiores, en lo que te venga como sensación, idea y vivencia. Acompáñate con buena música y elementos que te den placer: velas, flores, incienso, esencias, colores. ¡Buena suerte y disfruta de la experiencia! Una vez que hayas terminado, siente la fuerza de cada uno de los elementos. Siente tu fortaleza, tus formas de conocer el placer, los permisos que te das, e incorpora todo a tu ser sintiendo tu totalidad y la mayor comprensión de ti misma.

Visualización

Música suave de Richard Wagner. Ve a Freya cual una valkiria sobre un carruaje tirado por unos felinos. Observa la presencia y energía de la diosa: su fuego vital, su entereza, su kundalini que se eleva desde el sexo en el periné o piso de la pelvis. Siente esa zona cargada de intensidad. Invoca nuevamente a los espíritus de los cuatro elementos.

PACHAMAMA
Diosa Cósmica de las Tierras Andinas

Cultura original: Áreas andinas de la América del Sur.
Tendencias y energías: Sanadora, transformadora, madre de toda creación y destrucción, completitud, contención y fecundidad.
Mensaje: La tierra es una gran red donde todo es interdependiente.
Símbolos: Dragones, cerros andinos, montañas de nieve eterna, maíz de diversos colores y formas, instrumentos como la flauta, la zampoña. Dibujos y grecas.
Colores: Tierra, marrón, violeta, lila, rojo, naranja.
Frase talismán: *La Tierra es nuestra Madre. Oremos por su Paz.* Estos dos versos deben repetirse siete veces.

Características principales

Pacha es el universo. Es la síntesis de todas las cosmogonías que nos envuelven en la América andina. De allí se entiende que la Pachamama sea el poder de la totalidad del universo, como es, asimismo, cuando decimos Pachatata, el poder masculino. Pachamama es la Madre Cósmica, madre de todas las naciones, la creadora del todo. En lengua aymará, Pacha es la tierra misma y, también, el tiempo. Es hombre y mujer a la vez.

En la cosmovisión preincaica de la región de los Andes —que reúne a Ecuador, Perú, Bolivia, zonas del norte de Chile y Argentina—, la tierra es la divinidad sagrada: se le canta, ora, ruega, ofrenda. Sus montañas son los pechos de la humanidad, sus ríos y afluentes, la leche que nutre y alimenta. El tiempo y el espacio se viven en otra dimensión.

Pachamama es la materia misma que está bajo nosotros y el espíritu que nos hace continuar desde ella; es algo muy concreto. Pachamana es la dadora de la vida y lo comprobamos a cada instante, porque todos los días comemos de la Madre Tierra, aunque vivamos muy distanciados de ella en estos tiempos. La podemos asimilar a Gaia.

Se engloba en la Pachamama al espacio físico, los animales —las llamas, las ovejas, los jaguares, los zorros y los pumas, los cóndores y águilas que imponentes surcan los cielos—, todas las especies vegetales, el reino mineral, las aguas, los instrumentos musicales, las herramientas del campo. Por ello, en los rituales y ceremonias de los habitantes altiplánicos, el primer trago es para la Pachamama y se arroja al suelo, las hojas de coca; asimismo, la sangre de los animales que se sacrifican en los ritos más importantes se entrega a ella. Ella es quien cuando se enoja, provoca vientos de enorme velocidad, temblores, tornados, aluviones, terremotos e incluso maremotos. Al provenir de la Pachamama, nosotros también somos ella.

Leyenda y mitología

Nos sabemos hijos de todos los elementos —expresa Carmen Vicente, una Pachamamita maravillosa, que nos visitó en Chile en el mes de mayo de 2003 y con quien tuvimos la magia de compartir experiencias vivas para expresar a esta deidad—. Está el aire, el agua, el sol, pero es la Madre Tierra la que nos sostiene con su aliento, y al decir Pachamama no la vemos sólo como la madre dadora de los frutos para comer, sino que nos estamos refiriendo al misterio del poder de lo femenino que no tiene conceptos definidos, por eso no nos aburrimos de honrar las montañas, las lagunas, de honrar las grandes piedras que están sobre la Pachamama, porque nos sentimos alineados con este misterio.

Las mujeres tenemos que comprender que somos una continuidad de muchos misterios femeninos visibles e invisibles. Así como la nombramos Pachamama, le decimos Killamama, Diosa Luna, Madre Luna. En algunos lugares se la llama Wirginamama, aludiendo a su poder autocreador y autosuficiente como virgen y como madre.

Siempre estamos en una interrelación de ser hijas y madres. La abuela también juega un rol consejero en estas comunidades.

En la unidad de lo femenino es importante recordar que estamos en la necesaria unidad con lo masculino —agrega Carmen Vicente—. Las sociedades han ido mal porque se particulariza el poder femenino sobre el masculino y no el poder Pacha, que es el de la unidad. Reconocernos que en la vida interactuamos con el otro igual que dependemos del aire. Todas las formas de vida están interconectadas. La Pachamama necesita de el Taita Inti, que es el sol. Hay un principio de reciprocidad permanente.

De esta manera, el misterio de la noche depende del misterio de la luz de la Luna. Es necesario reconocernos en una buena dependencia con los elementos del Universo y no anclarnos en la educación formal que nos induce a mirar nuestra persona, trabajar nuestra individualidad y levantarnos solos.

Es fundamental que percibamos que, podemos caminar en relación y dependencia no de patologías salvadoras, de Maestros y Maestras, sino de levantar nuestra conexión con las cuatro direcciones del Universo, los cuatro elementos. En ese alineamiento podremos sanar nuestro espíritu para ayudar asimismo al espíritu de la Pachamama, pues su energía también está densa con nuestra complicada mente, —asevera Carmen.

Entonces, cuando se produzca esta estrecha relación de cuidado de la Pachamama, llegaremos a identificarnos cada una de las mujeres con la idea de que somos una Pachamama. Desarrollaremos la comprensión de que la Madre no es únicamente dadora. Toda Madre para dar tiene que recibir y todo Padre para cosechar tiene que plantar. Estamos reconociéndonos no en una súper individualidad femenina sino en una necesaria complementariedad de todos en el planeta. Una responsabilidad íntima, personal y, a la vez, comunitaria e internacional.

La represión cultural de la conquista —señala la antropóloga Verónica Cordero en su reportaje sobre "Vírgenes y diosas en América Latina: la resignificación de lo sagrado", (revista *Conspirando* Nº 45, de diciembre de 2003)— logró, en cierta forma, desplazar la cosmovisión indígena, que tenía sus propias diosas y divinidades, sobre las cuales estaba centrada la espiritualidad. Es así como el culto a María desplazó a los cultos locales, dejándolos en la clandestinidad, como sucede por ejemplo en la cultura andina con el culto a la Pachamama. Lamentablemente muchas de nosotras, a pesar de ser mestizas, desconocemos la belleza de la percepción sobre lo sagrado que tiene el pensamiento ancestral. Pero la historia también ha transitado bajo la imagen de la Virgen protectora y muchas figuras importantes y representativas se han constituido en vírgenes en los países latinoamericanos, dando espacio a la legitimidad de las figuras de mujeres locales, quienes han sido puestas bajo la imagen de María.

Mito de la creación

Según la leyenda, en el origen estaba el agua y luego apareció la serpiente de la sabiduría, la que necesitó algo sólido para reptar y se dirigió a la tierra. En muchas culturas se honra a la serpiente como expresión de la regeneración, aludiendo a sus constantes cambios de piel. En ese movimiento de poder y continuidad del ser, y del ser agua, se fue generando la vida. De esta forma, seguimos siendo hijos del movimiento del agua, en el vientre de las mujeres. Cuando los pueblos volvemos a mirar la creación con poesía y amor sentimos más aún que somos hijos del misterio.

El poder de la Pachamama es tan diverso que de la misma forma como nos puede enfermar nos puede curar. Necesitamos mover todos los espíritus cuando nos bañamos en una cascada y así nos sanamos. Sabemos qué planta es guardiana, qué hoja sana frotándola con otra, comiéndolas bebiéndola en infusiones. Así como está nuestra relación con las plantas está con el cosmos. Sabemos que al sembrar damos vida, multiplicamos vida, nos hacemos acompañar por la vida del Universo.

Significado

Cuando aparece la Pachamama en tu lectura te pregunta por tu ser esencial, por tu contacto con tu ser interior profundo, por tu autosanación; te consulta si echas mano a tus poderes ancestrales, a tu relación con el cosmos y la naturaleza. Te inquiere si alimentas ese aspecto de tu ser, si estás viviendo y cuidando esa parte generosa, nutricia y propia de tu ser femenino: tú, como madre y sanadora natural de ti misma.

Te pregunta si conoces las propiedades de las plantas, si usas la menta, el romero, el boldo, el bailahuén y las medicinas sagradas; si estás en plena posesión de tus poderes, si has despertado tu conexión mágica con los espacios altos de la naturaleza, el murmullo de los vientos, el hablar de los ríos, con toda tu comprensión telúrica del planeta. Si hablas con la naturaleza y la vegetación.

Algunas preguntas para revisar tu contacto con la Madre Tierra, con la Madre Naturaleza, con la Pachamama son:

1. ¿Recuerdas haber paseado por el campo, la montaña, el mar cuando pequeña? ¿Qué lugar te impactó más?
2. ¿Cuándo conociste el día y la noche? ¿Recuerdas cómo captaste la separación entre el día y la noche, la primera vez que observaste el Sol y la Luna y sus diferencias de luz y luminosidad?

3. ¿Cuándo supiste de las propiedades de las plantas?
4. ¿Dormías en las afueras? ¿Subías a los cerros?
5. ¿Cómo fueron tus primeras nociones del misterio de la creación y del engendrar?
6. ¿Cómo fueron tus primeros contactos con lo mágico y con lo inexplicable?
7. ¿Tuviste contacto con la tierra plantando flores, plantas o árboles frutales?
8. ¿Cuáles fueron tus relaciones con los gusanos, las lagartijas, los insectos, las mariposas, los animales y las mascotas?
9. ¿Qué sentías cuando eras pequeña y te quedabas sin explicaciones frente a determinadas cuestiones?
10. ¿Tuviste contacto con un ser superior, la Diosa, Dios, los ángeles, la religiosidad, desde pequeña?
11. ¿Cuáles son tus primeros recuerdos de magia en tu vida? ¿Y el contacto con lo sobrenatural?

Ritual e invocación

Las agresiones a la ecología de la Madre Tierra se sanan invocando a la Pachamama. Ella es una energía andina representada por todas las mujeres del altiplano, que son las encargadas de la nutrición de todo tipo para la comunidad, que trabajan en conjunto los campos para hacerlos producir y madurar. Dirigiéndote hacia el este, hacia las cordilleras nevadas de los Andes, invoca los cuatro elementos con todas sus características.

Con maíz de diversos colores, aludiendo a la germinación, especias, yerbas, imágenes andinas de iglesias, sombreros, música de flautas, quenas, zampoñas y bombos, haz tu llamado a la Pachamama a viva voz, con fuerza y seguridad, sintiendo que tu llamada se cumplirá. Los guardianes de los elementos estarán contigo y con todos en el ritual.

Conéctate con los olores naturales: pimienta, ají, especias en general y frutos del momento, así como algún licor fuerte (los indígenas lo usan hasta de 90 grados para entrar en los espacios chamánicos). En especial, haz un ritual a los comienzos del otoño y de la primavera —estaciones intermedias— para lograr que tus esfuerzos lleguen a buen término en tus anhelos profundos.

Ten conciencia de las dádivas, dones y regalos que te otorga la Madre Tierra y no vaciles en pedírselos. En su altar, que preparaste especialmente para la ocasión, ofréndale velas, incienso, abundancia, monedas, hojas de coca, tejidos, maíz y granos de distintos tipos y colores, que representan lo más genuino de ella. Además, lo que tú y el grupo sientan. La música viva es tu fiel estímulo y acompañante para estas sesiones.

Si tienes oportunidad de participar en un Temascal o en un Inipi (ruco de sudor con piedras calientes), se te sugiere que lo hagas. Allí tendrás la oportunidad de templar tu contacto con los elementos como el fuego y el calor, el frío y el agua, y las cuatro direcciones. Una caminata sobre el fuego, conducida por chamanes de experiencia, también puede resultar una vivencia significativa para contactarte con tu propia fortaleza frente a los elementos. Todas las celebraciones de la Tierra, de la Luna y de las estaciones son bienvenidas.

Visualización

Con música andina nos visualizamos, solas o en grupo, en algún valle del norte de Chile, Bolivia, Perú, Ecuador, la pampa argentina. Caminando nos encontramos con la divinidad que reina en esos lares. Grande, poderosa, con su tez oscura y curtida por la naturaleza. Nos cuenta uno de sus secretos de la natura y nos autoriza darlo a conocer. Luego del ritual, cada una comparte lo que nos ha entregado la Pachamama como entendimiento sabio.

HILANDERA
Diosa creadora

Cultura original: Tribus nativas de Estados Unidos.
Tendencias y energías: Creación, inteligencia, protección, sanación.
Mensaje: Confía en tu fuerza original y la creatividad florecerá en tu vida sanando tu cuerpo, tu mente y tu alma.
Símbolos: Las arañas, sus redes y telas blanquecinas.
Colores: Amarillo, gris, negro, blanco, rojo y dorado.
Frase talismán: *En el día a día enhebro mi creación.*

Características principales

Entre los nativos norteamericanos, situados principalmente en la zona del sudeste del desierto de Estados Unidos, se señala que la mujer araña o diosa Hilandera, como la hemos llamado, crea el mundo a través de su tejido. Ella camina en la tierra y realiza su tela en el cielo, entonces, tiene el potencial de unir los dos mundos. La araña representa a la diosa madre como tejedora del destino y del Sol: la araña hila una red radiante al igual que el Sol genera sus rayos desde su centro de fuego.

Se dice que ella enseña cómo plantar las semillas —expresa Michael Babcock en sus *Cartas de conocimiento de las diosas*—. La abuela araña de los indígenas cherokees es la que trajo el Sol y el fuego a la Tierra y les hizo aprender la alfarería, el hilado y las bendiciones ceremoniales (…) Ella nos recuerda que lo bueno viene de cualquier lugar. Incluso la más pequeña araña, a la que, a veces, disminuimos como lo más irrelevante, tiene el poder de crear y de enseñarnos.

La araña ha sido asociada con las brujerías: realiza la magia de la creación y también los engaños y las trampas; por ello, personifica a la diosa de la vida y la muerte. Se dice que devora a otros, incluso a su pareja, aunque sea capaz de crear vida desde su propio cuerpo.

La divinidad y la araña siempre han estado muy asociadas entre sí —afirma la escritora norteamericana Nancy Blair en su texto *Amuletos de la diosa. Oráculo de antigua sabiduría*—, uniendo las capas etéreas de los espíritus cósmicos con la carne y la sangre. En la magia invisible que une la visión creativa con la acción, se pueden encontrar los esfuerzos y el trabajo de la mujer araña. La diosa del tejido señala que es el tiempo de hilar la sagrada dimensión de la creatividad y traerla de vuelta a nuestras vidas.

Lo sagrado anida dentro de uno mismo y, de algún modo, necesita ser tomado en cuenta. La creatividad no se refiere sólo al contacto con el arte, la música, la pintura o lo que llamamos arte, sino que se encuentra en todo nuestro quehacer. Desde cómo se prepara un jugo de frutas hasta cómo se decora el hogar, se organiza un ritual o un viaje de estudio. Escribir un libro. Cualquier acto que se lleve a cabo desde el corazón, con intención profunda y focalizada, estando muy presente, proyecta lo más genuino de cada ser. Es decir, las acciones cotidianas pueden traer la dimensión sagrada a la vida.

Engendrar un sentido de lo divino tiene que ver con la forma en que se llevan a cabo las actividades. Bailar, cocinar, hacer el jardín, combinar de determinada manera las vestimentas, cualquier cosa posee un acento lúdico. Sólo hay que realizar cada acto con entusiasmo, sin indecisiones, miedos y dudas irracionales, pensamientos limitantes que debiliten la acción. La fe, la intuición, la convicción y la confianza son básicas. Por otra parte, el estar pendiente de los resultados paraliza los insuflos vitales y los efluvios creativos.

Leyenda y mitología

Entre los nativos norteamericanos, la mujer araña forma el mundo enhebrando las diferentes telas.

En la tradición de los hopis se dice que esta deidad tomó la tierra y el agua dentro de su boca y dio a luz a los primeros seres que dieron alegría al vacío. Otra versión indica que fue la creadora de la Luna, que tiene el poder de dar y quitar la vida y que está conectada con la caza y la agricultura. Los indios navajos señalan que la diosa hilandera enseña a tejer a sus coterráneos. Se afirma que la mujer araña creó a través de sus redes las primeras imágenes del alfabeto. Se dice que ella inició la creación con dos hebras, las que cruzó en el centro de la tierra para formar las cuatro direcciones.

En la mitología griega se establece que Arachne, una princesa libia, aprendió a hilar gracias a las enseñanzas de la diosa Atenea. Más tarde, esta deidad, celosa de la belleza de los tapices de su discípula, la convirtió en araña. La palabra arácnido tendría su origen en esta leyenda. Por otra parte, se cree que las arañas tienen la habilidad de anticipar el clima.

En el mito hindú, la araña simboliza a la diosa Maya, que es el aspecto virgen de la Triple Diosa, quien entreteje las redes del destino, de la magia, y representa lo ilusorio del mundo terrenal, revelando la verdadera naturaleza del universo. Es reconocida por los budistas, en el Tíbet, Nepal, los Himalayas y otros puntos.

La red de la araña se asemejaba a la Rueda de la Fortuna —señala Barbara Walker, en su *Enciclopedia de los mitos y secretos de las mujeres*— y la diosa es la hilandera que está sentada en el eje de su rueda. El hábito de la araña hembra de devorar a su compañero masculino llevó a la identificación de la Mujer Araña con la diosa de la muerte Kali-Uma, de la mitología hindú. En la mitología azteca en su misteriosa y arcaica relación con la India —continúa la investigadora norteamericana— las arañas representan las almas de las mujeres guerreras del período matrístico preazteca como las amazonas hilanderas del destino. En los finales del mundo, estas mujeres descenderían de los cielos en sus redes de seda y devorarían a todos los hombres de la tierra, como las ocho leyendas de las valkirias. Sin duda, también había asociaciones con Escandinavia. En la Europa Medieval se asociaba a las arañas con las brujas.

Significado

Cuando aparece la diosa Hilandera en tu consulta, se te indica la necesidad de asumir tu manifestación única, inspirada y original. Deshacerte de lo que no es la verdad en tu vida. La expresión propia te llena de energía terapéutica. Te invade una sensación de prosperidad, vitalidad y abundancia. Te despierta asociaciones con hechos antiguos, evoca tu memoria en el inconsciente, te conecta con espacios chamánicos, te enriquece como persona, te integra desde tu ser interior con el rol que ocupas en el mundo en que vives.

Te hace trabajar laboriosamente para que te sientas más alerta y en conexión con tu impulso y fuego vital. Le da un norte a tus propósitos, a tus herramientas originales, a la forma en que utilizas tus talentos, tus dones, tu experiencia, tus habilidades, tus bienes. Te hace eficiente, constante, diligente. Te ayuda a decantar y expresar tus fortalezas. Te apoya en el tiempo que necesitas para lograr tus expectativas. Te impulsa a focalizar tus anhelos y necesidades y a trabajar por ellos. Estimula la seguridad en tu expresión interna. Le da un sentido hondo y directo a tu vida.

Preguntas para conectar con la diosa Hilandera, que te ayudan a fortalecer tu confianza en ti misma:

1. ¿Has sentido que te consideran loca o divertida cuando expresas tus ideas?
2. ¿Sentiste, cuando eras pequeña, que te salías de los patrones comunes que regían en tu medio, en el colegio y entre tus amigos?
3. ¿Se te ocurría vestirte con mezclas de colores o efectuar cuestiones diferentes que el resto de tus amigos?
4. ¿Te sentiste haciendo el ridículo en alguna oportunidad de tu vida, por algún comentario que te surgía sobre algo?
5. ¿Sentiste que tenías ideas o comentarios originales que no eran aceptados por tu mundo?
6. ¿Qué es para ti la creación? ¿Te has hecho preguntas sobre el origen del mundo?
7. ¿Qué es para ti la creatividad? ¿Te sientes una persona que ha alcanzado una expresión personal propia?

8. ¿En qué áreas te sientes especialmente conectada con la realización personal?
9. Dentro de tu medio, ¿hay personas que destaquen por su originalidad?
10. ¿Admiras a algunas personas por su expresión creativa? Nómbralas y cuenta por qué las consideras significativas.

Ritual e invocación

Cada persona nace con un único set de variables, basado en una compleja combinación de dones, dotes y talentos. Es importante asumir los propios ingredientes psicológicos, psíquicos, prácticos, intelectuales, artísticos y cósmicos, que son sólo tuyos, y encontrar la manera de sacarlos a luz para compartirlos. Descubre que tu influencia tiene un efecto en tu entorno.

Es importante decantar un propósito, una intención general, a la vez que precisa, para tomar contacto con nuestro lugar más original. Observa la imagen de la diosa Hilandera mientras respiras con conciencia inhalando y exhalando. Imagínate rodeada de la vibrante energía de haces de luz de colores blancos, azulados y turquesas. Estás sentada en el centro de tu propio mundo. Visualiza tu lugar de trabajo, tu dormitorio, las habitaciones de tu hogar. Luego, anda más allá de tu pequeño mundo: un lugar de estudio, la casa de una amiga, un centro de meditación, trabajo, yoga, danza. Visualiza todos estos sitios. Toma contacto con tus manos, tus dedos, tus ojos, mirando todo, titilando con energía. Imagínate enhebrando tu propio destino como la araña construye su tela, tus manos uniendo materiales, distribuyendo, escribiendo. Cada cuestión brilla y cada objeto irradia luz y tú la envuelves en estos rayos de luz blanca y azul turquesa, que surgen desde tu cabeza y el cielo rodeando su figura.

Sientes que estás llena de expansión y que los haces luminosos envuelven tu ser, tu cuerpo físico y todo lo que estás proyectando en tu crear. En la exhalación abandonas cualquier pensamiento negativo que inhibe y bloquea tu expresión individual. Imagínalos saliendo de tu cuerpo, exhalándolos hacia el fondo de la tierra donde quedan enterrados, reciclándose, transformándose. Visualízalos... Después de unos minutos, repite tres veces en voz alta esta oración:

Gran diosa Araña,
ayúdame a enhebrar la creatividad en mi vida,
abre mi alma,
déjame sentir lo sagrado
al centro de mi mundo.
Muéveme con tu espíritu,
el espíritu creativo,
ayúdame a encontrar lo mío
tejido con las hebras del amor.
Que así sea.

"Este discurso es particularmente propicio para aquellos que enterraron su curiosidad creativa y persiguieron carreras y actividades más cercanas al cerebro izquierdo" (tomado del libro de Nancy Blair, mencionado antes).

Visualización

Con música muy energética, ojalá tocada por ti misma, si estás sola, o por el grupo, te ves en el medio de tu santuario personal rodeada de los objetos e instrumentos que le darán forma a lo que estás queriendo hacer, a lo que te has propuesto efectuar. Te visualizas a ti misma trabajando con paciencia y abnegación en eso que deseas. Ves el chacra de la garganta, que es el quinto, Vishuda, de la manifestación única y original; el segundo útero, como se le llama por su naturaleza original, desde el cual se emiten esas luces de colores iridiscentes, azules y turquesas y desde donde surge la expresión verbal creadora, escrita o artística.

OYA
Diosa de los Vientos del Cambio

Cultura original: Yoruba de África.
Tendencias y energías: Poder, cambios revolucionarios, crisis, justicia del alma.
Símbolos: La espada, el machete, los búfalos, la Luna negra.
Mensaje: Son tiempos de mutación en todo orden de cosas de tu vida y de tu personalidad.
Colores: Rojo, púrpura, marrón.
Frase talismán: *Las estructuras caducas abren su paso a las nuevas cuando se acaba lo que las sustentó.*

Características principales

Es la deidad yoruba que representa los terremotos, maremotos, temblores, tornados, remolinos, ciclones, tormentas, rayos, en resumen, la intensidad de la naturaleza. Es la capacidad de enfrentar y hacerse cargo. Es la reina salvaje, la fuerza de los cambios de raíz. Es la reina del número 9, por los 9 estuarios del río Níger y este es un número de la sabiduría desde tiempos antiguos.

Su número es el 9 o el 7 según las líneas que la oculten, por lo tanto 7 ó 9 rayos enmarcan su corona —indica Durkon Zolrak en su *Oráculo de los orishas*—. En su mano izquierda: una espada, ya que ella es guerrera, luchadora inquebrantable, al igual que Santa Bárbara, de ahí el porqué de su sincretismo (uno de los motivos). En el mismo brazo, 7 ó 9 pulseras del mismo material que la corona, o sea, de cobre.

Usa el machete, la espada de la verdad, cortando los estancamientos y enfila la senda hacia el crecimiento de la conciencia más alta. Ella hace lo que hay que hacer. Es una mujer que también se sabe mover en el mundo de los negocios y ama los caballos.
Se la describe de cabellos largos y ondulantes que se deslizan con la brisa, creando un aura rosa cerca de ella, color que junto con el marrón son sus preferidos. Luchadora incansable, por sus valores representa la energía de una líder femenina, decidida, valiente e intrépida. Tiene que ver con la claridad que surge de los relámpagos y rayos que provocan las crisis y las revisiones globales.

Leyenda y mitología

Se dice que ella espanta a los espíritus malignos, barriéndolos con su escobillón de crines de caballo.

Se le atribuye que los aleja porque temen a su vibrante energía. Su gran fuerza la representa su collar rojo, uno de sus colores preferidos. Muchos la acusan de ser la causante del distanciamiento entre Ogún, dios de la Guerra y Xangó, patrón de la Justicia, y su consiguiente rivalidad, debido a que ella habría abandonado al primero para ser la compañera del segundo. Xangó, gran cazador y deidad del trueno estuvo casado con tres diosas fluviales: Oya, Ochún y Oba.

Oya es una de las primeras orishas que bajan a danzar —siendo una representación de las diosas mujeres— como representante de las religiones sincretizadas, con paso aguerrido, marcado, triunfante y activo. En Brasil se la llama Iansa; en Cuba, Olla y, también, Virgen de la Candelaria; en Haití, Aido-Wedp, en Nueva Orleáns, Briguette. También se asimiló a las santas católicas Teresa, Bárbara, Caterina y Santa Juana. Se la dibuja portando una antorcha flameante y con mucha fortaleza; es una presencia muy dinámica.

En su altar se ponen cuernos de búfalo, porque Oya es un búfalo de agua cuando no tiene forma humana. Se dice que una vez un cazador vio emerger de uno de estos animales a una mujer bella que escondió en unos matorrales la gran piel que la cubría. El hombre se robó dicha cubierta y obligó a Oya a ser su hembra. Se comenta que cuando ella se enoja, hasta los árboles se derrumban desde sus raíces.

Significado

Los vientos del cambio han llegado a tu vida. No puedes resistirte. Las cosas estancadas, empantanadas, deben quedar atrás. Tienes la fortaleza, el coraje, la luz y el espíritu de lucha para salir adelante. Corresponde enfrentar el estrés, el trabajo, la falta de entusiasmo y todas las disculpas que te impiden hacerte cargo con un espíritu de lucha, voluntad y tenacidad de esta urgencia por valorizar tu vida, tu entorno, tus actividades y tu accionar —de otra forma—, en tu quehacer y en todo lo que te toca.

Estas resistencias a las transformaciones pueden tener que ver con la menopausia o con un cierto oscurantismo frente a ti misma. Es tiempo de despertar desde lo hondo a la actividad mutadora, activa y madura.

Preguntas para encontrarte con la Oya que vive en tus profundidades y lograr sacarla afuera con vivacidad:

1. ¿Te cuesta tomar contacto con tus sensaciones y percepciones profundas?
2. ¿Te diste cuenta de joven que te costaba contactar con tu potencial real?
3. ¿Te sentías estimulada cuando eras pequeña por el medio, por tus padres, profesores, parientes y amigos?
4. ¿Ocupaste algún cargo en el centro de alumnos del colegio, en la universidad o en tu trabajo?

5. ¿Sentiste que te distinguías por algo diferente en cuanto a tu energía, inteligencia o atractivo?
6. ¿Cuándo comenzaste a notar tu fuerza física? ¿Cultivas algún deporte, disciplina corporal?
7. ¿Te sientes líder en alguna experiencia de tu vida?
8. Imagínate a cargo de algo. ¿Qué te gustaría que fuera?
9. ¿Tienes miedo de la fuerza bruta, de la violencia o te hallas capaz de defenderte?
10. ¿Te molesta la palabra "vieja", en su acepción patriarcal?

Ritual e invocación

Para encontrarte con esta diosa se te sugiere visualizar tus conflictos más grandes con una mirada firme y calma frente al espejo de la vida. Habrá silencios de la memoria y situaciones que quieras traspasar, dejar atrás y enfrentar desde otra perspectiva. Este es tu momento. La deidad de la gran fortaleza interior y exterior es Oya y si te entrega su mensaje hoy, es porque debes conectarte con ella en estos días. Aprovecha este estímulo activo y bien definido. Conéctate con tu energía desde el Tantien, el chacra de la fuerza, situado cuatro dedos bajo el ombligo, el segundo de color naranja, justo en la mitad del cuerpo y trata de sentir la respiración, el inspirar y el exhalar desde allí y hacia ese punto, inflando la zona inferior del abdomen. Baila con frenesí, con intensidad, al son de los tambores. Danza, muévete, respira: inhala, descansa, exhala, salta, saca a la luz tu energía para ti misma, mientras respiras con la mayor catarsis que puedas, durante un mínimo de 21 minutos a todo dar.

Luego, descansa y ten a mano esta oración a Oya de Zolrak y repítela, al menos, tres veces:

Guerrera y misteriosa
Te alzas majestuosa
En plena tormenta y tempestad.
Eres el rayo que nos recuerda
Tu presencia en mitad del cielo
Y en camposanto iluminado
Riges tu reinado.
Santa Bárbara bendita
Cuídanos de todos los males
Y con tu espada de cobre
Espanta los espíritus perturbadores
Para que Iku no tenga morada.
Alejándose de mi casa
De mi cuerpo, de mi entorno
No encontrando entrada.

Luego de repetir la plegaria siente si te queda más energía que dinamizar, elige una música que te guste, vuelve a inhalar y exhalar sintiendo tu cuerpo, para ver qué señales te entrega, qué movimientos, qué energía te fluye. Abandónate a lo que venga.

Visualización

Te sientes cerca de los lagos, chapoteando y muy contenta, cargada de energía. De pronto visualizas en la ribera a una mujer fuerte y en tonos rojos que se aproxima al agua entrando con gran decisión. Se acerca a ti y siguen caminando juntas en la vereda de las aguas. Luego, la penetran nadando juntas con mucha fuerza y empatía sin competencia y logrando grandes extensiones. Sientes el entusiasmo de la natación, tu propia fortaleza y dominio.

COATLICUE
Diosa de los Contrastes

Cultura original: Azteca.
Tendencias y energías: Fuerza creadora y destructora, dualidad, madre del panteón azteca, reina de las flores, tristeza.
Mensaje: Es tiempo de asumir tu totalidad y, a la vez, tocar fondo con los dolores profundos.
Símbolos: La serpiente, el colibrí azul, las calaveras, las plumas.
Colores: Gris piedra, blanco, negro.
Frase talismán: *Corro riesgos. Vivo la vida como una aventura sin escapar de sus altos y bajos.*

Características principales

La Serpiente o la diosa mexicana Coatlicue es la madre de todas las divinidades aztecas y posiblemente sea la deidad más antigua de los tiempos precolombinos. Se la considera madre de la Tierra, el Sol, la Luna y las Estrellas. Ella produce todo el mundo terrestre, incluso las montañas volcánicas. Además, es la responsable de la muerte y la transmutación de todo. Es quien dio a luz al colibrí azul, patrón de los aztecas.

Se la conoce en algunas versiones como Tonatzin, la deidad madre; como Ialecutli, que significa cuchillo de la tierra y como Itzapatotl, la mariposa de obsidiana. Usa calaveras en su cuello y plumajes de aves, siendo ambos emblemas de trascendencia; además, lleva pieles de serpiente cascabel. Se la asocia con los atributos de la diosa india Kali por su desplante, su fuerza, valentía y su forma física, ya que ambas utilizan calaveras... Se la ve al mismo tiempo como fuente de enfermedad, muerte y divinidad de la sanación.

A Coatlicue se la asocia con la serpiente que surge desde dentro de la tierra y se arrastra sobre los caminos, llanuras, selvas. Es el símbolo azteca de la feminidad, de la fertilidad y de la infinitud del tiempo y del espacio. La serpiente Coatlicue representa a la Madre Oscura, la Tierra de la que todo surge y a la que todo vuelve.

Al mismo tiempo se la relaciona con la Virgen de Guadalupe, que sería la imagen sincrética que surgió en México luego de la Conquista. Coatlicue habría sido domesticada y surgió la bella Virgen de Guadalupe, de tez morena y con los atributos de la Virgen María.

Leyenda y mitología

A medida de que los aztecas se alejaron de sus orígenes matrilineales toltecas —señala Hallie

Iglehart Austen, en su libro *El corazón de la diosa*— su cultura se hizo cada vez más patriarcal y guerrera. A pesar de eso, siguieron venerando a la Diosa y la Tierra. Como la diosa que personifica las fuerzas de la naturaleza, Coatlicue destruye las formas individuales de vida para permitirles renacer. Por ello, se la describe como la tierra de los tiempos primaverales. Tal como la diosa egipcia Nut, se dice que Coatlicue consume el Sol cada atardecer para hacerlo nacer en cada amanecer.

El mito señala que un día encontró un ovillo de finas plumas blancas y se las puso sobre su pecho, quedando embarazada inmediatamente. Cuando las otras divinidades, sus hijos e hijas —que, se dice, eran 400—, descubrieron su embarazo juraron matarla para impedir que el recién nacido los reemplazara. Sin embargo, su querida hija, Coyolxauhqui —nombre que significa campanillas doradas—, la advirtió. Debido a ello fue decapitada por el dios Sol y la triste Coatlicue tuvo que conformarse con depositar la cabeza luminosa de su hija en el cielo, convirtiéndose esta, así, en la diosa Luna. Uno de los grandes monumentos a Coatlicue se descubrió en México recién en el año 1978, en lo más alto del templo mayor de Tenochtitlán. Entre los atavíos con los que se la representa están un tocado de plumas de águila, pintura facial de tiza y una falda de serpientes.

Significado

Lo expresa de manera muy comprometida *Goddessess Oracle*:

> Coatlicue está aquí para ponerte cara a cara frente a tu dolor. Ella aparece aquí para decirte que no hay caso con evadir la pena, que no hay dónde esconderse del dolor. El camino para llegar a la plenitud es explorando tu sufrimiento. ¿Has estado asustada de enfrentarla y aceptar lo que te traerá ese paso por el dolor? ¿Te has estado escondiendo de las aflicciones pretendiendo que todo está bien? ¿Quizá tu miedo al dolor es tan grande que crees que te quedarás en él, por el resto de tu vida?

Es indispensable para que te sanes que no rehúyas los momentos de dolor profundo que aún tienes dentro, por todo eso que no fue, por todo eso que pasó, por la vida no vivida, por el amor no sentido, por el amor no asumido, por la enfermedad, por la diferencia, por el humor distinto, por las nostalgias. Hay un trozo de toda esa extraordinaria sensibilidad que te cuesta reconocer y, sobre todo, sacar hacia afuera. Debes liberar esos agujeros oscuros sin fin, uterinos, misteriosos, hormonales rítmicos, lunáticos, propios de tu ser que anhelan su canal de salida.

Preguntas para encontrarte con la diosa Coatlicue, que representa tu fortaleza y los padecimientos de tu vida.

1. ¿Desde cuándo sientes esa presión tan profunda en el pecho, si has tomado conciencia de ella?
2. ¿Te has permitido tomar contacto con esa pena? ¿Cómo lo has hecho?
3. ¿Compartes tus pesares con tus personas más cercanas?
4. ¿Lloras frente a tu pareja, hijos, parientes, amigos?
5. ¿Sientes que la vida te ha tratado menos bien que a otros?
6. ¿Cómo describirías tus pesares más hondos?
7. ¿Sientes que en este momento de tu vida, que dejado atrás tus aflicciones?
8. ¿Qué dolores hondos conservas? ¿Sientes que ganas algo, que existe alguna ventaja por la cual los conservas? ¿Son individuales o universales?
9. Describe tus penas más profundas micro y macrocósmicas.

Ritual e invocación

Es tiempo de que saques tu expresión profunda de pena a través de las lágrimas, los mugidos, el llanto, lo que surja. Busca un lugar donde puedas estar tranquila y sin que te interrumpan. Siéntate con la espalda derecha pero cómoda, en calma, y respira en cuatro tiempos. Localiza el dolor en alguna parte de tu cuerpo y la pena en tu corazón y dirige la exhalación a esa zona.

Permite que te lleguen imágenes de los sufrimientos que has tenido, de las injusticias que has sentido a lo largo de tu vida. Ábrete al momento y, seguramente, llegarán a ti otras experiencias que no recordabas: las lágrimas y los pesares te pueden sacar sollozos a raudales, cuestiones que ni siquiera tenías presentes. Permite que todo salga, sin juzgar tu pena, con tolerancia y amor hacia ti misma. Déjate todo el tiempo que necesites y, aún más, acepta todo lo que venga.

Es fundamental que saques sonidos de tus aflicciones, incluso el toque suave de un tambor puede ayudarte, golpéalo dulcemente, tócalo con tus manos y luego, cuando sientas que el sufrimiento va cediendo, descansa y trata de escribir en pocas frases lo que sentiste. Reza a las alturas y agradece las hondas y honestas vivencias que has tenido.

Visualización

Con música suave de corrientes acuáticas, entra en el agua que levanta olas en círculos en la medida en que vas penetrando en ella. Déjate conducir por la brisa, la hora crepuscular, la energía de la tarde. Permítete llorar suave, lenta, conmovedoramente —si te surge—, respetando el dolor de la manera como te surja. Que las lágrimas se mezclen con el agua de tus pies.

AMATERASU
Diosa del Sol y el Espejo

Cultura original: Sintoísta.
Tendencias y energías: Creación, luminosidad, iluminación, brillo, belleza, sanación, claridad, balance.
Símbolos: El espejo, el pájaro que anuncia el amanecer, la radiación del astro Sol, un collar de hebras de oro, una espada.
Mensaje: Eres merecedora y bella. Debes saber cuándo estar presente y reconocer horas o días en los cuales conviene que te guardes.
Colores: Oro y amarillo.
Frase talismán: *Mi femenino irradia como un sol.*
"*Estoy encantada conmigo, brillo e inspiro*", agrega Ama Patterson, autora norteamericana en la agenda titulada *Encuentro con tu diosa interior*.

Características principales

La diosa sintoísta del Sol, cuyo nombre es Omikami Amaterasu, significa Sol y Diosa. Amaterasu se traduce por "gran cielo iluminado". El brillo y el poder intrínseco del Sol, como la luz sobre la tierra, hacen de ella una presencia muy significativa. Es una de las pocas imágenes femeninas que personifican al astro solar. Además, su origen e historia magnifican los espejos, los círculos. El Sol que aparece en la bandera de Japón es su símbolo principal. Es considerada hoy la guía de todas las divinidades, la guardiana de la gente en su país y una imagen de la unidad nacional. Es la única divinidad que aún se considera conductora de una religión de importancia.

> Existen descripciones de "grupos de aldeas" japonesas controladas por chamanas consagradas a Amaterasu —cuenta Shahrukh Husain—. Los eruditos denominan "sintoísmo popular" a este culto rural e individual a fin de distinguirlo del sintoísmo estatal que sentó las bases del nacionalismo y del elegante y formal que se practica en los numerosos y ornados santuarios de Japón. En el año 400 el culto a Amaterasu sobrevivió a los ataques del confucionismo y, posteriormente, a los del budismo, que estuvo al borde de mimetizar a la diosa con el Buda solar.

Leyenda y mitología

La historia de Amaterasu aparece por primera vez en el año 712, en el texto sagrado Kojiki, que narra crónicas de conocimientos antiguos, y en el 720 reaparece en el Nihongi, los anales japoneses. Es hija de la pareja primordial y divina compuesta por Izanami e Izanagi. Era tan deslumbrante y radiante que cuando nació la enviaron a los cielos. Por otra parte, se dice que ella creó las islas japonesas a través de un mar de remolinos. Se la llama la del Brillo Celestial, la Gran Mujer y Patrona del Mediodía o la Reina en la Llanura del Reino Celestial.

- Es la diosa creadora del Sol, del tejido y la agricultura y la deidad más antigua del Japón, principal divinidad del sintoísmo, religión prebudista. Los orígenes de la dinastía real se remontan a ella. Muchos lugareños todavía conservan la costumbre de inclinarse ante Amaterasu por las mañanas y hacerle ofrendas, mientras se va alzando en el cielo. Por otra parte, a través de todo el país existen santuarios públicos y privados destinados a su adoración, notables por la sencillez y pureza de su arquitectura y por el gran espejo central que existe en todos ellos y que representa a la diosa. Se dice que el alma de Amaterasu reside dentro del espejo octagonal, el yatanokagami, que mantiene su presencia en todas las ceremonias reales.

El mito envuelve una contraposición entre Amaterasu y su hermano Susano-wo. Este tuvo un ataque de violencia que culminó con la profanación de la morada de la diosa y de otros lugares. Cuando ella vio los estragos causados, se dice que se recluyó en una caverna de la que no quiso salir más y se llevó el Sol. En una versión se señala que su hermano estaba tan agresivo que le atravesó la vagina con un huso de hilar; en otra se dice que fue una de sus damas de honor a la que hizo fallecer.

La ausencia de Amaterasu oscureció el universo y lo volvió fúnebre. Entonces, los ochocientos millones de diosas y dioses se juntaron para pedirle su regreso. Adornaron un árbol con cintas, joyas, espejuelos; pero no hubo caso, ella permaneció guardada en una caverna. Esta historia repite, en algo, el mito de los submundos: cuando Perséfone ingresó al mundo subterráneo y desapareció, su madre, la diosa Démeter, tuvo tal tristeza que impidió el nacimiento de flores y frutas y el invierno se hizo permanente en la tierra. También se conecta este mito con el de Inana, la antigua deidad de Sumeria que penetró el mundo de abajo o de la muerte.

La diosa y chamana Uzume urdió una estratagema: los millares de deidades se pusieron a bailar y cantar y armaron una algarabía inmensa, en especial ella misma; en su calidad de representante de la alegría, Uzume efectuó una danza llena de frenesí e intensidad eróticos, incluso levantándose sus faldas y riéndose abiertamente para producir más risas y expectación. Este baile ritual tenía por objeto restaurar las energías fundamentales en la tierra.

Los sonidos, la música, los cantos y los gritos hicieron que Amaterasu tuviera curiosidad y salió a la puerta a ver. Las divinidades habían previsto aquello y pusieron en la entrada de la cueva un gran espejo de cobre y cuando la diosa se vio reflejada en él, se deslumbró con su propia luminosidad e irradiación. La diosa retornó entonces al mundo y Susano-wo fue desterrado por los dioses para evitar otro accidente similar. De allí en adelante el Sol retomó su curso natural en los cielos, desapareciendo sólo de noche, de tal manera que la vida se renovó.

Uzume es considerada la divinidad de la alegría y la risa curativa. Las mujeres que se sienten cómodas consigo mismas se ríen mucho juntas, sobre todo al llegar a la edad madura.

El templo principal de Amaterasu está situado en medio de Japón y se puede visitar, pero no se permite ver el espejo mismo, pues se le han ido agregando cajas de brocato y objetos en los 1500 años de historia que tiene. Es un lugar de una arquitectura muy simple y pura. Se cuenta que el espejo original ha sido el más perfecto que se haya confeccionado. Su forma era la de un octógono, una figura geométrica de ocho lados, número de la perfección para los sintoístas y que, por su parte, representa la infinitud en la cultura occidental.

Se dice que el alma de Amaterasu reside en estos lugares de oración.

Aunque no podamos ver el original —señala Patricia Monaghan, en su texto— podemos utilizar otros espejos para conectarnos con la diosa, pues todos ellos nos llevan de alguna manera a la misma esencia solar. Y como ella es nuestra antepasada, están enhebrados con nosotros, revelando el estado de nuestras almas; como dice el proverbio japonés: "Cuando el espejo está empañado, el alma no está pura".

Justamente ahora, como en esta historia —agrega Hallie Iglehart Austen en su recreación de Amaterasu en su libro *El corazón de la diosa*—, el mundo corre peligro de destrucción. Para restaurar el orden natural y social necesarios para la sobrevivencia, es esencial que la violencia patriarcal cese. También tenemos que revelar el brillo de nuestra propia luz interna, que hemos escondido por demasiado tiempo. Reclamemos el espejo por su sentido original de maravillarnos ante él para que cada una de nosotras, las mujeres, podamos reconocer nuestro ser radiante, original, salgamos fuera de nuestras cuevas y hagamos presente nuestra claridad y nuestra luz en el mundo.

En todas las mitologías existen otras diosas Sol. La Gran Madre Aditi en la mitología hindú estaba adornada por el Sol. Se la identifica con María, que aparece en los evangelios también como la mujer vestida por el Sol (Revelación 12; 1). Entre los ancianos árabes, el Sol era la diosa Atar, la cual a veces era llamada la Antorcha de los Dioses. Los celtas también tenían una diosa del Sol llamada Sulis, cuyo nombre significa tanto "ojos" como "sol". Los alemanes la llamaban Sunna y en Escandinavia se la conocía como la Gloria de los Elfos.

Significado

Te ronda alguno de estos pensamientos: ¿Merezco toda esta aura de luz? ¿Soy tan bella como me ven? ¿Me siento poco armónica? ¿Culpo a otros de mis conflictos?

Es conveniente para ti la identificación con esta diosa. Es positiva, te ayuda a reconocer tus talentos, la belleza natural y la inteligencia con que te ha regalado la divinidad. ¡Disfruta! Asume todos tus instrumentos en el mundo con claridad, a la vez que con madurez, equilibrio y serenidad.

Ritual e invocación

Mira tus altos y bajos frente a un espejo. Observa tus ojos, entreciérralos y observa tu rostro sin crítica, asumiendo tu belleza interior y exterior. Hazlo con una intención positiva: desea ver tus rasgos hermosos, anhela verte bella. Rescata lo mejor de ti. Sigue la tradición oriental y adorna el espejo con flores frescas. Incluso la preparación del ritual es importante: frotar el espejo te ayuda a percibir tu luz interior. Siempre cuando limpies algo, siente que te estás purificando. Igual que cuando te bañas o duchas.

Es bueno que pases cinco o diez minutos frente al espejo, que pongas tus manos en posición de rezo y hagas una pequeña reverencia. Cierra tu mente de distracciones repitiendo el nombre de la diosa ocho veces, como un mantram, lo que te sirve para calmar los pensamientos. Mirando directamente al espejo, pregúntate a ti misma: ¿Cómo está mi alma? ¿Dónde está? No te enfoques en la apariencia, que es lo único que vemos. Mira más allá, para examinar si existen zonas en tu vida en las cuales no estás actuando adecuadamente. Mirarte a los ojos es una experiencia muy poderosa. En especial observa los aspectos en que te sientes más fuera de control, percibe en qué momentos te sucede. Luego de un largo rato, termina la meditación con una inclinación ante ti misma para salir del espacio meditativo.

Los períodos de cambio de estación son los más apropiados para invocar a Amaterasu, los equinoccios y los solsticios, cuando el Sol falta y, a la vez, cuando aparece con su mayor intensidad.

"¡Que entre la buena suerte y que se vayan los demonios!" es una oración para llamarla que se usa desde tiempos inmemoriales para cerrar la puertas del invierno. Las familias del lugar cantan este rezo y esparcen porotos de soya por todas sus casas.

En el festival más grande de Amaterasu —se celebra sólo cada 20 años, otros dicen que cada 21—, el espejo sagrado se lleva a un santuario recién construido, que es idéntico en todos los aspectos al precedente. Este festival enfatiza la renovación tal como el mito del retorno de la caverna.

Como la historia de Amaterasu se refiere al retiro y el retorno del Sol, es especialmente adecuado invocarla en el solsticio de invierno. Otra forma de tenerla presente es abriendo las ventanas y dejando que el astro entre a raudales. Para evitar las malas ondas se sigue la influencia budista: se coloca un espejo mirando hacia el oriente para que reciba el Sol, por donde aparece Amaterasu todas las mañanas.

Algunas preguntas para conectar con lo que representa la diosa Amaterasu en la historia de tu vida:

1. Pasa revista a tu vida. ¿Cuál aspecto es el que te parece menos transparente y más fuera de tu control? ¿Hace mucho tiempo que sientes esas confusiones? ¿Has hecho algo para aclararte?
2. Visualiza tu hogar como tu vida. ¿Qué sitios están más desordenados? ¿Tiene eso que ver con espacios de tu realidad?
3. Examina tu agenda diaria. Mira la posibilidad de estructurar tus actividades de otra forma, perdiendo menos tiempo y organizándote mejor.
4. Describe tu día perfecto. Compáralo con tu realidad cotidiana. ¿Qué tendrías que hacer para que se parezca más tu ideal con la vida diaria?
5. Haz una lista de las personas con las que has tenido desagrados o disgustos. Ponte en el lugar de ellos. Pregúntate si hay cosas que tú puedes hacer para evitar estas dificultades.
6. Piensa en personas cercanas que te hacen sentir estresada o poco cómoda. Anota las

características que te molestan. Pregúntate cuál de ellas posees tú también.
7. Anota tus hábitos negativos, esas costumbres autodestructivas que todos tenemos y que nos alejan de lo que necesitamos para nosotros mismos y de la vida que queremos elegir. ¿Cómo puedes eliminar esos hábitos?
8. Escribe tus fantasías o sueños negativos y hazte cargo de los rasgos que puedes eliminar conscientemente.
9. Incorpora el espejo a tu vida. Aprende a mirar tu sol y a hacerte cargo de tu sombra, de lo que tú haces en contra de ti misma, ya sea en los aspectos de salud, aprendizaje, sexualidad, experiencias repetitivas, etc.

Visualización

A través de música oriental, sonidos de flauta zen, te vas introduciendo o a los integrantes del ritual en un sitio donde hay muchos espejos. Imagina, tomándote tu tiempo, los diversos registros de tu ser. Mira tus distintos rostros si aparecen. Aprende a aceptarlos todos: los menos buenos o los menos bellos también son parte tuya. Finaliza mirándote con tu mejor cara. Una especie de maniobra cosmética y real.

Diosa de la Sanación

*Su energía y alegría de vivir curan la opacidad
y el decaimiento. Sus herramientas entregan la vitalidad,
el entusiasmo, la fluidez y la serenidad.*

BIRGIT
Musa, inspiradora y sanadora

Cultura original: Celta, irlandesa e inglesa. Se la llama Birgit, Brigit, Bridget, Brighid, Brígida.
Tendencias y energías: Creatividad, inspiración, sanación, fuego vital, exaltación, trabajo con la forja, pureza y fertilidad.
Mensaje: Encuentra el rojo fuego del entusiasmo que hay en ti.
Símbolos: Lienzos blancos, elementos de herrería, plantas, fuego luminoso y destellos.
Colores: Rojo, blanco, naranja y verde.
Frase talismán: *Birgit, tu fuego me contagia. Estoy feliz de recibirte.*

Características principales

Poco se sabe de los pueblos originarios de la actual Gran Bretaña, si bien existen evidencias históricas de la llegada de diversas tribus celtas a esos territorios unos cinco siglos a.C. Por ello, Escocia, Inglaterra y la actual Irlanda comparten un origen común que los hermana con las tradiciones de estas ancestrales culturas. "Con aroma de bosques y ruido de acantilados, con triskeles y con gaitas, emerge la tradición celta contándonos sus historias de hadas, gigantes, magos, duendes y guardianas", evoca el estudioso de esta cosmovisión, Raúl Encina Tapia, (revista *Ecovisiones*, Nº 3).

Relacionamos estos mitos con la leyenda del Santo Grial, con la búsqueda de esta copa sagrada que revela los misterios de la creación y de la transmutación; con los caballeros de la Mesa Redonda de los tiempos del Rey Arturo junto al caballero Lancelot que se enamoró de Guineveve; con la espada Excalibur, símbolo de soberanía entregada por el hada Morgana Le Fay; con los sacerdotes y magos druidas, como Merlín. En esta mitología, las hadas son conocidas como las madres y las que ayudan; ellas liberan las cualidades espirituales de la humanidad. El nombre auténtico de los dedales de oro en inglés es guantes de gnomo, ya que se dice que las hadas y los duendes los llevaban como trajes.

A las hadas se las conecta, asimismo, con la Triple Diosa: Cailleach, Cerridwen y Birgit son las deidades de origen céltico más conocidas. Los misteriosos monumentos de Stonehedge y de Aberasbury, junto a las recreaciones realizadas por Marion Zimmer Bradley en sus libros *Las nieblas de Avalon*, la saga *Darkover*, *La ciudad prohibida*, se relacionan con los rituales de estas zonas. Hacen vivir a los dioses y diosas, magos y magas, reyes y reinas, guerreros y doncellas de la época. De hecho, hoy en día durante los veranos del hemisferio europeo, es decir, a fines de julio y en el mes de agosto, se efectúan allí, en estas regiones, conferencias internacionales sobre las diosas, talleres, iniciaciones.

Leyenda y mitología

La historia sitúa a los celtas en la mayor parte del centro y noroeste de Europa, desde la Época del Bronce hasta el siglo I después de Cristo. En la Edad Media todavía existían reminiscencias de estos pueblos en las zonas más protegidas de las invasiones romanas, sájonas y normandas, como algunas poblaciones en Irlanda, las islas de Manx y las Hébridas. Eran tribus que tuvieron una vinculación muy estrecha con la naturaleza y la magia. Se dedicaron a las artes, y así como la sanación y a cincelar joyas y metales.

La religión céltica se basaba en el culto a los muertos, de forma muy semejante a los ritos de Osiris e Isis en la mitología egipcia. Por otra parte, los celtas compartían muchos aspectos de su religión y cultura con los griegos, incluyendo al dios del inframundo llamado Dis —semejante al Plutón romano y al Hades griego—, del que se decía que descenderían todos los celtas.

Los primeros dioses del panteón irlandés fueron encabezados por el Daghda, al que se asociaba con la magia y la abundancia que manaba de su inagotable caldero. Como dios de la fertilidad, se casó con la diosa madre Boane, espíritu del río Boyne, y con Morrigan, la deidad de la destrucción. Fue el padre de Birgit, la diosa triple de la poesía, el parto y los oficios.

Su nombre significa brillo o destello: Birgit es la divinidad triple del fuego que conjuga en sí diversos poderes: la inspiración, el arte de la sanación, la forja y herrería, la comunicación y la adivinación. Se dice que nació con una llama de fuego sobre su coronilla, la que la conectó para siempre con el Universo; por ello se la llamaba la flecha ardiente. Se la asociaba con un cisne blanco que era difícil, pero no imposible de encontrar. Su flameante energía se expresaba en distintos niveles y sanaba los aspectos holísticos de la persona: los cuerpos material, etéreo y astral.

Birgit influyó con su poder en poetas, escritores y artistas, que le rogaban por su guía e inspiración en el despertar de su imaginación. Su segunda faceta era la enseñanza de la forja de instrumentos, a través del fuego que estimulaba a las personas en su trabajo de herrería y joyería. Por último, su conocimiento de los árboles, las plantas y las yerbas que quitaban dolores y aliviaban a los enfermos, actuando en el nivel más profundo, en su fuerza de vida, curando lo interno y lo externo.

Santa Brígida

Birgit resultó tan poderosa, venerada y popular, que la iglesia cristiana, luego de la evangelización de Irlanda, permitió que continuara su adoración. Hasta hoy es reconocida como Santa Brígida e incluso se dice que el mismo San Patricio la habría bautizado. La Iglesia Católica conjugó su historia pagana con su capacidad de servicio; se la reconoce desde el año 450 como santa y se la ha considerado digna de una canonización. Es nombrada como Bridgit, Brigid, Bride, Bridie, Brgigandu, Briginda y Brígida.

> Los poetas de la antigua Europa adoptaron a la triple diosa como la musa —explica Manuela Dunn—. Principalmente, sus tres aspectos formaban casi un círculo mágico de iniciación, nacimiento, desarrollo, vida y final, muerte, que se adecuaba a la perfección al tema poético, pues los poemas se cantaban para cautivar al público, no para leerlos en público como se hace hoy (...) Por ser una musa inspiradora para los bardos galeses e irlandeses, en los manantiales y en los pozos sagrados se cantaba hechizos y sortilegios en su honor, pues se creía que curaba todas las enfermedades.

> También se la relaciona con las musas o inspiradoras que presidían las artes en el mundo

clásico; generalmente se dice que eran nueve, una para cada campo: música, teatro, historia, pintura, escritura, lírica, canto, poesía erótica y épica.

De acuerdo a la leyenda, Birgit tenía que ver con las estaciones y presidía los comienzos de la primavera. Los festivales de Samhain, Imbolc, Beltane y Lammas, que se relacionaban con los solsticios y equinoccios anuales, tenían conexión con la diosa. Además, se la asociaba con la anciana Cailleach, el aspecto más oscuro de la deidad y con Cerridwen, la divinidad del caldero de la creación y una de las más reverenciadas en la mitología celta. El agua y el fuego son elementos que tienen que ver con su presencia. Por otra parte, se dice que enseñó a silbar, puesto que era la forma en que llamaba a sus amigos.

Otra versión plantea que la diosa tuvo que ver con los misterios de los monumentos de Stonehenge y Avebury del neolítico, lo que la presenta como una diosa primaria de los tiempos prepatriarcales, conocida desde los años 3.700 a.C.

El hecho de que esta diosa sobreviviera a la cristianización e incluso hasta hoy conservando su propio nombre, nos demuestra su importancia; por ello, se recomienda invocarla en los tiempos de cambios a que nos lleva la vida: momentos significativos de una separación, de un accidente o de sentirnos sobrepasados por experiencias, aunque sean de la vida cotidiana. Su fuego vital, su energía positiva y sanadora, ayuda a transmutar y a elegir lo que es más conveniente para las transformaciones que nos urge efectuar.

Se dice que Birgit practicaba la sanación con agua proveniente de las cascadas y pozos de fuentes sagradas. Los enfermos se bañaban bajo estas corrientes sintiendo que se liberaban de sus enfermedades. Las leyendas sobre Birgit y su inmenso corazón —que se henchía de amor y compasión por los sufrientes— despertaban esas virtudes en sus adoradores. Durante siglos se mantuvo una llama encendida en su honor en el santuario de Kildare, en Inglaterra, la cual era prendida por cada una de las sacerdotisas que mantenían su culto. Estas debían ser diecinueve, representando el ciclo de años que forman a su vez el Gran Año Celta.

Significado

¿Has perdido la visión de tu camino? ¿Te cuesta ver claro algún aspecto de tu vida? Si Birgit está hoy día en alguna de tus lecturas, te indica que falta una chispa de inspiración, un brillo creativo más abundante en tu vida. Señala que si cultivas estos talentos te pondrás más alegre, más energética y más inspirada. Encuéntralos en la naturaleza agreste y/o en el inicio de actividades relacionadas con el arte. Podrás convertirte en una musa acompañante e inspiradora que insufla inspiración en otros y, en especial, en ti misma.

Algunas preguntas para descubrir la actuación de Birgit en tu vida y estimular su influencia en ti:

1. Recuerda algún período de dificultades en tu vida. Pregúntate qué te dejó esa experiencia.
2. Piensa en algo que hicieras equivocadamente. Revisa lo que aprendiste de ello.
3. ¿Te castigaban las veces en que cometías errores cuando eras pequeña? ¿Qué recuerdas de ella? ¿En general, te sentiste muy criticada por tus padres, profesores, compañeros o amigos?
4. ¿Cuál es la peor equivocación que te imaginas haciendo hoy y qué es lo más terrible que te podría suceder? ¿Cuáles son tus miedos en relación a los errores que puedes cometer?
5. ¿Cómo te sientes cuando comentan de ti? ¿Cómo respondes a esos comentarios? ¿Te sientes muy criticada en la actualidad?
6. ¿Eres intolerante con otra gente? ¿Cómo lo expresas?
7. Cuando te suceden cosas que están fuera de tu control, ¿cómo te sientes?
8. ¿Sientes que has perdido tu senda? ¿Te cuesta ver con claridad algún aspecto de tu vida?
9. ¿Te parece que te falta chispa de vida, energía e inspiración?

Invocación y ritual

Birgit motiva la inspiración y la creación, por lo tanto, se te sugiere organizar un altar para ella cuando la desees invocar. Algunas ideas que aporta Patricia Monaghan son: conviene poner fuentes de agua que reflejen la luz, velas que ayuden a ello. Una cruz puede ser útil y las flechas (que salían de su frente y que son uno de sus símbolos) ayudan a que Birgit nos ilumine con su ardor.

Para celebrarla se sugiere llevar a cabo un cambio en la imagen de uno misma, como entrega y receptividad a las transformaciones y a la elección de proyectos nuevos, tanto a nivel interno como externo. Al mismo tiempo, es bueno tener unas monedas que nos ayuden a favorecer el intercambio de energía, mientras se ora para que se produzcan los anhelados trances y entradas al mundo creativo. Otra forma de reverenciarla es haciendo muñecas de paja y de trapo que se confeccionan en los festivales organizados en su honor.

Otra manera de llamarla, que aún se cultiva en algunas zonas de Irlanda, es poner lienzos blancos, ojalá de lana, en las ventanas, para que reciban su fogoso y ardiente toque. Esto es muy conveniente de llevar a cabo en Europa, la noche anterior al 1 ó 2 de febrero en que se efectúa el festival de Imbolc. Es la fiesta que celebra el regreso de la luz luego del frío invierno. En el hemisferio sur corresponde la llegada de la primavera, es decir, cerca del 21 de septiembre.

¡Recuerda que en cada persona, y en especial en su lado femenino, vive una musa acompañante, protectora y creadora! Rescátala a través de ritos y plegarias, conversaciones, lectura de poesías y/o, simplemente, poniéndote en la tarea para que la inspiración y la fuerza divina te lleguen. ¡Aquí y ahora!

Otra manera de invocarla, publicada en un calendario de la editorial norteamericana Llewellyn, dice así:

Brigid, no importa que seas Diosa o Santa: hay mucho que aprender de ti. Encauza el fuego que arde dentro de mí para que yo pueda contribuir a la iluminación y a la luz en el mundo. Inspírame con la belleza de la poesía y con la magia de las palabras. Báñame con el poder sanador de tu llama eterna para que yo trate siempre a los otros con compasión y amor.

Las flores silvestres en guirnaldas son otra indicación para tener a la diosa presente en los instantes en que la necesitamos.

Visualización

Música celta de Lorena Mç Knee. Nos visualizamos caminando en un ambiente de rocas y acantilados, dentro de un paisaje de mucha inmensidad y a la vez de paz, cercano a las aguas. El Sol se está poniendo, estamos en la hora del crepúsculo. Nos encontramos con Birgit o Santa Brígida, como se dé su presencia. Recibimos un regalo que nos entrega la diosa. Nos sentimos contentas y llenas de luminosidad.

FLORA
Diosa de las Flores

Cultura original: La divinidad de las flores fue adorada desde tiempos inmemoriales; y en Roma se la veneró con este nombre desde siempre.

Tendencias y energías: Vivacidad, belleza, alegría, amor, contento, energía, risa.

Mensaje: Encuentra la alegría, el éxtasis y el despertar en lo más recóndito de tu corazón, de tu interioridad, como asimismo en lo más simple de tu quehacer diario.

Símbolos: Flores, desde la más silvestre hasta la más espectacular, árboles, plantas, guirnaldas, frutas como la uva y el higo, zumos como el vino.

Colores: Del arco iris, rojo, rosa, blanco, verde, lila, azul, naranja, amarillo.

Frase talismán: *Las flores son una gran felicidad para mí y para todos los seres: una fuente de amor visible, disponible y permanente.*

Características principales

La flor es el símbolo del amor, la vegetación, la selva y los bosques vírgenes, en la mayor parte de las culturas universales. Desde la antigüedad y en las más variadas cosmovisiones, las flores ocupan un sitio especial en el corazón y en la vida de las personas. A veces eran consideradas formas primitivas de los dioses. Las plantas brotan del cuerpo de una deidad y a la vez están en estrecha unión con las diosas madres de las múltiples mitologías. El botón de una flor es símbolo de una nueva vida, de algo nuevo en potencia; representan una imagen del amor y de la mujer, de lo femenino y la abundancia.

La flor es la parte de un vegetal que contiene los órganos de reproducción, es decir, su sexualidad. En efecto, desde donde surgen las semillas: se componen de un cáliz integrado por un número variable de sépalos, de una corola dividida en pétalos, de estambres que llevan cada uno una antena llena de polen y de un pistilo que es el ovario; el estilo y los estigmas al desarrollarse forman la fruta y representan la madurez del botón de la flor. Un poeta anónimo decía que la flor es una hoja enloquecida de amor.

En China y Japón se le llama "dar flor" a la floración de los cerezos —que son sus especies sagradas y emblemas nacionales—, cuyos delicados brotes simbolizan la primavera, la feminidad y la juventud. La flor del loto representa la creación y la pureza:

Su largo tallo —destaca Miranda Bruce en su libro *Signos y símbolos*— es el cordón umbilical que une al hombre a su origen mientras que su perfecta flor representa la iluminación y la pureza a la que aspira el alma humana. El loto de muchos pétalos representa el Sol que emerge del océano cósmico. Y el Sol y el agua son vitales para su crecimiento. Es el símbolo del nacimiento divino, ya que el dios Brahma emerge del ombligo de Vishnu. También representa el Sol y la rueda del nacimiento y del renacimiento, ya que sus pétalos se abren al amanecer y se cierran cuando oscurece. A veces, el Buda se representa como la joya en la flor, sentado sobre un trono del loto, el pináculo de la perfección.

En Egipto el loto era la imagen de la realeza. Se asociaba con la diosa Nefertiti y el dios del Sol Ra se ilustraba como un niño acostado en su flor. La fragancia de estas flores es un poco hipnótica y puede alterar la conciencia, por eso se dice que las personas se sienten alegres y felices cuando están cerca de ellas. Por ello, muchos budas y divinidades la usan como trono. Su forma de mandala hace que su contemplación produzca calma y centre una mente dispersa.

La rosa roja es el arquetipo del amor desde la Edad Media, cuando juglares y trovadores le inventaban sus loas y se consagraban a la diosa Venus. Son, como la deidad misma, un arquetipo del amor. La rosa blanca es considerada flor de la Luna o de la luz; simboliza la pureza, la virginidad, el encanto, la finura y la discreción.

La azucena se asocia con la Virgen María y es la flor de la Pascua de Resurrección; es un signo de paz, de divinidad y de pureza. En la mitología griega se decía que se creó con la leche de la diosa del compromiso, Hera. También aparece en el Juicio Final como expresión doble de inocencia y de culpa. Jesús habla de las azucenas del campo como imágenes de sencillez.

La flor de lis es la forma heráldica del lirio, que es símbolo del pensamiento; recibió su nombre latino, Iris, de la diosa griega del arco iris, que transportaba las almas de las mujeres al mundo de los subterráneos. Por otra parte, la flor de lis es el emblema de la monarquía de Francia. Sus tres pétalos representan la verdad, la sabiduría y el valor.

Flor del amor es el amaranto. Signo de un amor desesperado es el nomeolvides. El girasol es una flor mexicana de color amarillo dorado o púrpura, considerada flor del Sol en la cosmogonía andina; la maravilla, como también se la conoce, es un símbolo de los defensores del medio ambiente, puesto que se la considera capaz de enfrentar la contaminación, por su grandeza y tamaño, como un sol.

La margarita es el ojo del día y, algunas veces, un distintivo de flores de la virgen. La flor de la pasión o la granadilla representa las heridas; la granada, el mundo subterráneo, el sexo profundo y la fertilidad; por último, se dice que es la pasión de Jesús y su floración se considera una llamada de Dios. La cala, flor del mundo y del embudo, es representativa del lingam y del yoni que, en sánscrito, corresponden al falo y a la vulva, al yan y al ying.

La orquídea es una imagen de la perfección; flor de Jesús y flor del volcán son las orquídeas salvadoreñas; flor del paraíso, la orquídea ecuatoriana; flor del corazón, la magnolia mexicana. También existen los elíxires de orquídeas de Colombia y Brasil, especialmente, que ayudan a la purificación de las emociones y al despertar del camino espiritual.

Leyenda y mitología

De tanta presencia era Flora en la historia mitológica romana, que se la llamaba "la patrona secreta de Roma" y se decía que el suyo era el secreto nombre del alma de la capital de Italia.

Era la imagen del florecimiento de toda la naturaleza, incluyendo a los humanos: hombres y mujeres. Entonces, más allá de la percepción de belleza, se considera su calidad intrínseca y el hecho de que desde la más pequeña flor silvestre hasta la más gigante, ambas son necesarias dentro del tapiz cósmico de la existencia, como lo expresa el maestro Osho en el Osho Zen Tarot. Del despertar y florecer en su manifestación, fluyendo con ella y aceptando los brotes, —las lunas crecientes, las floraciones, las lunas llenas y menguantes—, plateadas y oscuras se compone la naturaleza.

Con mi amiga Beatriz solíamos observar las rosas en sus delicados e intensos matices. "Mira, está en los 17", decía yo. "En los 19", comentaba Beatriz. Miramos como totalmente vivo y humano su jardín de rosas en Lo Cañas. Más allá, las de los 80 y 85 sabios años rezumando dignidad y benevolencia o la de más allá, de 72, llena de gracia y dorado brillo. Otras, en la mediana e indefinida edad, entre los cuarenta y discretos cincuenta.

En Italia las fiestas de Floralia conmemoraban las florecientes Fiestas de las Diosas Desnudas. En ellas se celebraban rituales en las calles hasta el tercer siglo a.C. Estos ritos tenían una parte popular y pagana en la que se producía una adoración pública a Flora, considerada como una prostituta sagrada por su labor de iniciadora en la sexualidad. Como el hacer el amor lleva a la concepción, las flores, órganos reproductores de las plantas, los antecesores de las frutas comestibles y responsables de la abundancia, también fueron símbolos de fertilidad y nutrición en Roma.

Las fiestas fueron terminándose porque San Agustín y otros padres de la Iglesia se oponían a estas danzas, bailes y alegría de vivir, tildándolos de licenciosos y de conductas promiscuas —afirma Barbara Walker en su *Enciclopedia femenina*—. Ella (Flora) era importante y prominente en la religión romana, aunque fuera considerada una diosa del placer.

Versión del mito romano

Se dice que estando Juno, la esposa de Júpiter, enojada con su esposo, se le apareció Flora, esposa de Zephir, el viento del oriente. Esta graciosa diosa sintió pena por la reina de los cielos y quiso apaciguarla y confortarla. Para ello, la visitó y le regaló una flor mágica. Cuando Juno la tocó, inmediatamente quedó embarazada de su hijo Marte, el dios de la acción y de la guerra. Con bendiciones de la diosa Juno, Flora se estableció como la deidad de la fertilidad y de todas las cosas que florecen. La gente reconoció su activo rol nutriente en la prosperidad y desarrollo de su ciudad.

Un cuadro que representa a la diosa primaveral romana es el de Sandro Botticelli, pintado entre los años 1577 y 1578. En él muestra cómo las flores silvestres recién formadas van cayendo de la boca de una joven doncella.

Significado

La aparición de esta diosa floral en tu consulta te muestra la necesidad de asumir más liviandad en tus acciones, en tu trabajo, en la manera de llevar adelante tu vida. La diosa Flora te aporta belleza, color, ritmo y vitalidad. Asúmete en amor y en confianza, en belleza y sensualidad, en estética y paz, sin darle tanta importancia a los conflictos de tu mente y a tus múltiples pensamientos.

Preguntas para encontrarte con la diosa Flora en tu vida:

1. ¿Amabas las flores cuando pequeña? ¿Desde cuándo tuviste conciencia de la existencia del reino vegetal?
2. ¿Tenías jardín cuando pequeña? ¿Recuerdas paseos a la naturaleza? ¿Con quiénes ibas?
3. ¿Desde cuándo las flores fueron importantes en tu vida? ¿Recuerdas una primera experiencia en tu memoria de algún hecho relacionado con ellas?
4. ¿Te has dejado nutrir por las flores? ¿Desde qué puntos de vista?
5. ¿Conoces la aromaterapia? ¿Y los remedios florales Bach? ¿Y las esencias florales de California y de Maui? ¿Y los elíxires de orquídeas naturales de Brasil o de Colombia? ¿Y las esencias de flores de Chile?
6. ¿Qué te sucede con las flores, las hierbas y las plantas medicinales?
7. ¿Has incorporado ciertos aportes esenciales de ellas?
8. ¿Qué te parece el hecho de que las flores formen parte de algunos rituales de la muerte?
9. ¿Sabes distinguir las propiedades de las diferentes especies florales y hierbas que existen cerca de tu hogar, trabajo o lugares visitados con más frecuencia?
10. Nombra tus flores preferidas.

Ritual e invocación

Una de las diosas más invocadas por todos es Flora. Las flores se usan como manifestación de amor, de reconocimiento, de regalo, decoración, intercambio, sanación, alegría. Tu altar merece flores e imágenes de agradecimiento. Encuéntralas de acuerdo a su significación y a su atracción de flechazo. ¡Qué te encanten!

Acompañada de música suave de la naturaleza, penetra en tu santuario creado por ti, según se recomienda en los comienzos del libro. Cuando estés bien relajada piensa y visualiza tus flores preferidas, sus colores, sus formas, sus aromas, sus significados, si te fluyen. Conversa con ellas, con un ejemplar: hazla crecer en tu imaginación y dile en voz audible lo que te inspira, permitiéndote echar a volar tu fantasía. Agradécele su presencia y su compañía. Observa cómo la más pequeña puede ser tan esencial como la más grande. Entrégale un obsequio que te surja en ese instante y aprovecha la tarde y el crepúsculo para disfrutar la presencia de las flores.

Otra forma de contactarse con Flora son los baños aromáticos con sales, los inciensos, la aromaterapia, el reiki, los masajes, los perfumes, las vestimentas alegres y sensuales.

Visualización

Con la música de las esferas, si te surge de tu interioridad, con la grabación de *Las cuatro estaciones* de Vivaldi u otras obras musicales, relacionadas con la naturaleza y sus sonidos, nos imaginamos en una llanura plagada de flores, danzando entre ellas, conversando con los devas (en sánscrito, divinas auras protectoras de la vegetación), los silfos, las ondinas, las salamandras, las hadas, todos los protectores invisibles de la tierra y la naturaleza, el aire y los vientos, el agua y los océanos, el fuego y el calor y, por último, el éter y todas las sustancias de naturaleza áurica.

YEMANYÁ
Diosa de los Océanos

Cultura original: Yoruba en África, Nígeria, Caribe, Cuba, Colombia, Brasil.
Tendencias y energías: Protectora, compasiva, amorosa, gentil, bella, nutricia, feliz.
Mensaje: Para recibirme debes percibir mi vibración y la frecuencia en que transito.
Símbolos: Conchas, caracoles, las aguas del océano, la Luna.
Colores: Azul, blanco, celeste.
Frase talismán: *Con tu presencia fluyo en amor y en confianza.*

Características principales

La idea del universo oscuro, acuoso, uterino, subterráneo y laberíntico, como las cuevas, está presente en mitos sobre los comienzos de variadas cosmovisiones. Se hablaba de un mundo que flotaba en las aguas primigenias e ilimitadas. A causa de la antigüedad de esta energía en la tierra que contiene el mundo y/o lo crea a partir de su propio ser, en África la diosa Yemanyá sería semejante a Gaia, la fuente del origen. De sus pechos habrían brotado las aguas de los continentes, creando luego todo lo demás.

Yemanyá es la reina primigenia, la diosa sagrada yoruba —religión de santería de origen africano que se trasladó a países americanos como Brasil, Colombia y Cuba, entre otros—. Esta deidad, que dio a luz a catorce divinidades, santos o espíritus del panteón africano, es la dueña de las riquezas de todos los mares y océanos, de sus perlas, conchas, caracoles, corales, peces.

En los primeros tiempos se la conoció como Ymoja, una de las más grandes diosas de Nigeria y la diáspora africana. Se la expresa como una sirena sobre una concha, resplandeciente de belleza y alegría en los océanos. El azul y el celeste, así como las perlas le dan el rango de emperatriz del sentir, y los tonos plateados simbolizan la Luna creciente.

> En los 500 años de invasión, conquista y explotación de las Américas —se escribe en el Nº 46 de la revista *Conspirando*, publicada en Chile—, las religiones indígenas y africanas sobrevivieron por el esfuerzo de resistencia de quienes continuaron adorando a diosas y dioses demonizados por el cristianismo. El sincretismo religioso —tan criticado y discutido— muestra, precisamente, la importancia religiosa en la formación de la identidad latinoamericana.

El Candomblé se constituyó como preservación de las estructuras lingüísticas y culturales de la nación yoruba. Espacio de resistencia cultural y religiosa, se transformó en una escuela de respeto a la tierra, la tradición y los ancestros.

Yemanyá, la madre de las aguas, es conocida como la diosa del agua salada y del encuentro de las aguas del río y del mar. Danza con un abanico de metal blanco en las manos imitando el movimiento de las aguas, y el vaivén de las olas. En algunas regiones de América del Sur se la considera la virgen de los navegantes y pescadores, Stella Maris; asimismo se la asocia con la virgen de la Inmaculada Concepción y en el Caribe se la mira como la dueña de las aguas, que sólo aparece en sueños o en contadas ocasiones a través de alguna médium. En Brasil se la celebra como Señora de las Candelas. Irradia su poder y su luz como madre generosa, bella, abundante, relacionada con la Virgen María; los espacios ligados a la sexualidad fueron transferidos a otras entidades. La Iglesia Católica —como se ha dicho— le quitó la connotación sexual a la Virgen, haciéndola presente por su condición de madre de Jesús.

El agua ocupa más del 75% de la superficie del planeta Tierra, el mismo porcentaje acuoso que posee el cuerpo humano, y recordemos que este líquido circula por todo el organismo nutriéndonos y llegando hasta los últimos confines e infiltrándose en todos los rincones. El significado de las aguas está relacionado con los sentimientos y las emociones; sin embargo, en nuestra cultura occidental el amor, lo sentimental, lo intuitivo, lo espiritual y el rezo no ocupan ese porcentaje. De acuerdo a esto, es difícil que nos demos cuenta y aceptemos que este elemento sea tan importante como los otros: la tierra, el aire, el fuego y el éter.

Como se sabe, la relación con el agua es fundamental, puesto que representa la fluidez, la circulación, el amor, la intuición, la purificación (en el bautismo se afirma que el acto de rociarse con agua bendita implica purificación).

Por eso, mencionamos aquí a otra diosa del panteón africano, Oshún u Osun, divinidad chispeante y cimbreante de alegría y felicidad en el juego con las aguas dulces. Se dice que ella es el río mismo y que es una de las más fieles representantes y maestra en el arte de las predicciones, de las historias de los oráculos y la buena suerte. Como tal, apoya el cumplimiento de los deseos de sus seguidores y de las relaciones de pareja. Además, se la llama diosa de la Caridad.

En la cultura de los yorubas se dice que los arco iris, por sus fluidos y multicolores, son el orgullo del los cielos.

Significado

Si en tu lectura aparece Yemanyá, transparente, acuosa y preciosa mujer, es momento de que hagas un alto y bucees profundamente en tu ser para que descubras tus sitios más sensibles, sutiles y poéticos. Que te permitas esa salida inesperada, la lectura de ese libro que nunca hojeaste, ver una película que te haga llorar a mares, o una telenovela, si esta te produce algunos efectos inesperados. Se te está profetizando que hay algo desconocido esperándote para que te abras, le des cabida y rienda suelta.

Es un tiempo de profundidad, de contacto con tus zonas nebulosas, ambiguas, vagas y difusas, las que te cuesta contactar y reconocer como propias. Yemanyá te recuerda la felicidad y la alegría de ser mujer, la importancia de vivir conectada y en equilibrio entre lo interno y lo externo, entre tu conciencia y tu inconsciente. Entre tu lado externo, profesional, social, más masculino y los anhelos profundos de tu ser interno, místico y más femenino.

Te llama a que te hagas amiga de tu inconsciente, de tus sueños y de tus deseos más desconocidos aun para ti misma. Te llama a celebrar la delicadeza, la bondad, la entrega, el reconocimiento a tu interior, al centro de tu propio laberinto, al puerto del corazón. Desde allí generas la máxima confianza, el balance sentido, la entrega amorosa. Es tu dimensión espiritual amplia y asumida.

Preguntas para conectarnos con Yemanyá, deidad yoruba, tan lejana, geográficamente, y a la vez que tan cercana a nuestras principales características de lo femenino.

1. ¿Has sentido alguna vez en tu vida esa sensación de disolución que implica la identificación con Yemanyá?

2. Hasta el momento, ¿cómo ha sido tu relación con el agua, con los líquidos y la circulación dentro de tu cuerpo?
3. ¿Qué sabes de las culturas ancestrales y de los orígenes de la humanidad?
4. ¿Sabes algo de otras culturas que no han sido las tuyas? ¿Practicas algunos ritos, alguna disciplina de otras cosmogonías porque te han despertado interés y asombro?
5. ¿Te sientes diferente ante otras cosmovisiones? Si tu respuesta es sí, ¿por qué?
6. Revisa la lista de tus amigos y amigas. ¿Son todos de un medio semejante?
7. Cuando eras pequeña, ¿escuchaste comentarios peyorativos respecto a personas de otras realidades, culturas o medios?
8. En estos momentos, ¿cómo evalúas a personas de otros medios que son diferentes al tuyo?
9. Antes de leer este libro, ¿conocías algo de las diosas de otras cosmogonías, fuera de la griega y la romana?
10. ¿Te parece que existe una relación entre la diosa Yemanyá y la Virgen María?

Invocación y ritual

El poder y la bondad de Yemanyá son infinitos y reconocidos; nos dirigimos a ella en demanda de las lluvias en años muy secos y, también, si existe necesidad de mayor nutrición y cosechas en el planeta. Siempre se le piden sus bendiciones de paz, abundancia y amor. Se la reconoce asimismo como la estrella de las aguas.

El mayor de los festejos es en Salvador de Bahía, el día 2 de febrero. Los pescadores salen en sus barcas con regalos: velas, jabones, perfumes, peines, caracoles, anclas y flores, que arrojan al mar y a los ríos, corrientes, afluentes, cascadas y canales.

Se dice que todas las dificultades desaparecen ante su abrazo nutriente, equilibrado y amoroso. También se la invoca el día del solsticio de verano en el lugar que corresponda; en Chile, el 21 de diciembre, como un reconocimiento a su rol de madre del Sol y para que la pesca sea positiva y llena de bendiciones.

Como celebración para encontrarla, visualízate entrando en una playa de mar en la que recibes el abrazo amoroso de las aguas entregándote completamente para flotar en ella, sintiendo el oleaje suave y gentil junto al sonido profundo y ronroneante del océano.

Te dejas ir, cada vez más, sintiendo la paz de la entrega, el juego y el fluir del líquido en todo tu cuerpo. Sientes tranquilidad, serenidad, sensualidad y solicitas a la Diosa que te encuentre... Cuando ella aparece en sus colores azulados y turquesas, engalanada con sus collares de perlas y sus talismanes de plata, te dejas abrazar por ella y sientes su energía pacífica, bondadosa y amorosa. Luego, te despides de ella agradeciéndole su presencia y el amor que compartió contigo.

Visualización

Se lleva a las presentes desde su santuario interno, con sonidos de aguas y olas, por ejemplo, de Jorge Oro, músico argentino, a un espacio de una laguna, invitándolas a entrar de a poco, sintiendo la frescura, la liviandad, el placer del agua.
Luego de que estamos en el lago, sentimos la energía de la disolución, nuestra propia capacidad de deshacernos en el agua; nos visualizamos casi deshechas, desvaídas en el medio acuático, dejándonos llevar por la corriente mansa y diáfana. Al centro de la laguna, una preciosa diosa nos saluda con amor y empatía.

OSHÚN
Diosa de las Aguas Dulces Naturales

Cultura original: Yoruba del África Oriental que en el Nuevo Mundo fue recreada en la Santería en Cuba, Vudú en Haití, Macumba en Brasil, Candomblé en Bahía, todas religiones sincréticas y mezclas de la original nigeriana que, de esta forma, sobrevivió integrándose en parte con las de los conquistadores en cada lugar del Caribe y algunos de América del Sur.

Tendencias y energías: Belleza, sensualidad, fluidez, intuición, sutileza, conocimientos ocultos, sanación, protección, disfrute, amor, fecundidad, importancia personal y vanidad.

Mensaje: La abundancia y la generosidad abren las puertas del Todo.

Símbolos: Ríos, cascadas, vertientes, arroyos, joyas doradas y brillantes, el espejo, los papagayos, el ámbar.

Colores: Cobre, dorado, amarillo, azul y petróleo como del agua.

Frase talismán: *Comparto todo lo que me llega con alegría y confianza.*

Características principales

En África fue la reina del río que lleva su mismo nombre y se la considera el orisha femenino más dulce, hija de Oxalá (otros piensan que es Yemanyá, mas la gran mayoría de las versiones señala a esta como deidad madre de los océanos y mares salados). Oshún es la divinidad de las aguas y "como todos los ríos dan al mar, al final se fundirá su esencia con la de su madre —afirma el escritor Zolrak, en su texto bilingüe *El tarot de los Orishas*—, que la espera para que en su inmensidad Oshún represente el íntimo pensamiento de feminidad de la psique humana".

Oshún es dulce, amorosa, llena de belleza y magnificencia; quien gozadora de la corriente, se deja llevar por lo fluido, las emociones, las atracciones, la energía del corazón, los objetos con destellos. Es conocida por su amor a las cosas lindas, a los adornos y joyas de metales y a los objetos de sus colores dilectos, las gamas de amarillos a rojizos. Es la diosa de las mujeres, de quienes es amiga y a las que bendice con la procreación y los hijos.

Es dueña del oro, la miel, la calabaza —en zonas del Caribe muchos de sus adoradores creen que abstenerse de comer el zapallo es un honor ofrecido a la santa, la que los beneficiará con su apoyo en las materias económicas—. Se la considera dadora de la fertilidad y descendencia a las mujeres y protectora de todas las aguas del planeta. El agua se llama sangre blanca entre los yorubas; como reina y dueña de todas las aguas dulces, Oshún está relacionada con la facultad de la fecundidad.

Leyenda y mitología

En Cuba, los yorubas fueron llamados lucumíes y llevaron a la isla el culto de los orishas o sus divinidades. La Iglesia Católica quiso evangelizar a los esclavos y esclavas quitándoles sus creencias religiosas, aunque siempre toleró las prácticas de tambores y las danzas africanas. Los cabildos y cofradías o sociedades de personas permitieron el mantenimiento y cultivo de las prácticas y tradiciones africanas. Aquellos toques de tambor y bailes escondían rituales que eran las vías de comunicación con las deidades de la tradición ancestral.

Los lucumíes le pusieron nombres cristianos a sus dioses —se reseña en la revista *Conspirando* Nº 46— orientándose por semejanzas externas, y tomaron elementos de la liturgia católica para celebrar sus propios rituales religiosos bajo el pretexto de rendir culto a los santos católicos. Lo que en un inicio fue una estrategia para proteger costumbres, tradiciones y rituales, se convirtió poco a poco en un nuevo camino. Con el tiempo, las santas y los santos cristianos se encontraron con los orishas africanos y compartieron elementos, características, virtudes y defectos, dones espirituales y energías. Por su parte, los orishas tomaron una identidad cubana y se convirtieron en dioses y diosas cubanos de origen africano.

Esta expresión religiosa conjunta fue denominada Santería en Cuba. Oshún fue una de las deidades que pasó por ese proceso de transformación y adaptación, convirtiéndose en una de las deidades más significativas de la Santería. Dejó de ser africana para convertirse en una mulata criolla. A Oshún se la reconoce como un símbolo de la coquetería, de la gracia, la belleza, la sensualidad y hasta de la astucia para conseguir sus fines. Es la diosa del amor, los embarazos y la protectora de las mujeres embarazadas. Ella también cuida del desarrollo del feto y del bebé recién nacido.

Oshún estaba enamorada del dios Xangó y convenció a Oba, la mujer del dios, para que se cortara una oreja y la pusiera entre los hongos, de esa forma Xangó, al comer un pedazo de su carne, la amaría para siempre. Cuando llegó Oshún fue atacada por Oba y las dos se convirtieron en ríos y se dice que cuando sus aguas se encuentran se producen turbulencias y remolinos. Tal es la versión de Zolrak, citado anteriormente.

Sin embargo, la fuerza de su energía hace que las aguas resulten sanadoras y muy vivificantes para las personas que las necesitan y en todos los lugares donde subsiste Oshún se hacen fiestas en su honor, por ejemplo, para los equinoccios de primavera y los solsticios del verano. La leyenda señala que las mujeres aprendían a moverse mirando a Oshún, mientras se cimbraba en su caminar hacia las aguas. Se la denomina Oshún en Cuba y también como nuestra Virgen de la Caridad del Cobre; Freda, Dahomey y Erzulie en Haití, Oxun en Brasil y la Inmaculada Concepción de María en América del Sur.

Significado

Si hoy aparece en tu mapa esta deidad es un llamado profundo a suavizar tu vida y gozar los instantes y los momentos con dulzura y confianza. Déjate llevar por el juego de las aguas, la seducción de la danza, la sensualidad del baile, las alegrías y los ritmos de la música sin olvidar el sonido del oleaje. La gracia de la vida está contigo si la dejas penetrarte. Su presencia es un llamado a compartir, a entregarse en amor y en confianza a los placeres, a la liviandad del goce, a la belleza de las flores, a sus aromas múltiples.

"Abrázame mucho para que te llenes de un espíritu generoso —indican Jill Fairchild y Regina Schaare, en su manual *Las cartas de sabiduría de la diosa*—. Te recuerdo que veas el mundo desde un modelo de prosperidad y no de pobreza. Cuando tú compartas amorosamente tus fuentes y recursos con otros, te recompensaré con abundancia y gracia."

Ritual e invocación

Todas las aguas sirven para llamarla y entrar en los placeres que ella sugiere. Baños al atardecer con los colores del crepúsculo y los aromas del ylang ylang, de la mandarina, de las flores como rosas o gardenias, jazmines y madreselvas nos conectan con la presencia de Oshún. Velas de sus colores: rosados, turquesas de las aguas y en especial los matices del oro.

> Las poderosas divinidades de la diáspora africana —afirma Patricia Monaghan, en su libro *El sendero de la diosa*— ofrecen una oportunidad especial para aquellos que están en el camino de la Diosa de cualquier herencia cultural a que pertenezcan, porque donde más se necesita el amor sanador de Oshún es entre personas de diversas razas y cosmovisiones.

Se te sugiere que te sientes en lo alto de una montaña teniendo ante ti las aguas de todo el universo. Recuerda entonces, primero, los diferentes afluentes y ríos de tu lugar, de tu país, del mundo y de los lugares de las deidades de este texto. Imagina una vertiente pequeña y luego un río y otro, todos los que confluyen en el gran océano que une a los continentes. Anda, despacio, uniendo las aguas de todos los países y todas las tierras, visualizando las corrientes transparentes, azules, turquesas, creando un sinfín de ríos sinuosos y unidos en un gran mandala marino.

Se te señala la necesidad de tomar contacto con las aguas naturales y su disfrute, en especial en zonas del Caribe, en sitios templados y en los lugares donde existe el origen yoruba y vivo.

Preguntas para agilizar tu relación con la diosa Oshún y conocer cómo ha operado en las diferentes fases de tu vida:

1. ¿Qué sabes de los yorubas y de las culturas ancestrales de tu país?
2. ¿Cuál ha sido tu relación con África u otras culturas tan diferentes a las propias?
3. ¿Tienes algún contacto, por ejemplo con la música y las danzas yorubas?
4. ¿Conoces los instrumentos, las imágenes de las diferentes culturas que existen en el Oriente y en África?
5. ¿Recuerdas el dejarte arrastrar por sensaciones acuáticas en una laguna o en el mar?
6. ¿Has tenido sueños de aguas, remolinos, oleajes, maremotos?
7. ¿Temes dejarte ir en tu sensualidad, emotividad y dulzura?
8. Recuerdas tus primeros contactos con la naturaleza, las olas, las corrientes. ¿Sientes que eras valiente o más bien miedosa?
9. ¿Has sentido la caricia del agua, su suavidad, su energía? ¿Te produce temor el agua?

Visualización

Música del agua de Haendel o música cimbreante de Brasil. Te sientes entrando en la playa de un río de aguas tropicales, en Maui, Hawai o en el Caribe, en Brasil, o en África misma: muchos follajes, verdes llenos de matices, lianas, enredaderas, flores. Vas entrando al agua y te sorprendes de su verdor y frescura. Ves los pececillos, de múltiples colores y diseños. Pronto, aparece un velero grande y te ofrecen exquisitas bebidas, jugos de frutas aromáticas, camarones y pedacitos de pescado en pinchos. La música te invita a subir a la cubierta del barco, donde todos bailan animadamente. Te sientes parte completa de esa alegría de vivir y de las delicias de todo orden... Utilizas un collar y aretes de ámbar o de conchaperla.

Diosas de las Sombras

Arquetipos escondidos. Las deidades oscuras, las ocultas que existen. Hay que reconocerlas y asumirlas, transmutando su energía.

HÉCATE
Diosa de la Sabiduría Psíquica

Cultura original: Griega y Thracia.
Tendencias y energía: Entendimiento, magia, misterio, atardecer, eternidad. La Triple Diosa, depositaria de la intuición, reveladora de los misterios de la vida, testigo de la encrucijada, reina de la noche.
Mensaje: Acepta que necesitas escuchar otras voces, otros sueños, otros silencios.
Símbolos: Intersección de caminos, noche oscura, rostro de caballo, perro y serpiente en una imagen, las tres lunas.
Colores: Gris, blanco, plateado.

Frase talismán: *Guardo, vivo, revelo y develo los misterios de la vida. Soy el velo tenue entre lo real y lo irreal.*

Características principales

A Hécate, maga de la disolución y de la transición, se la representa como la Luna negra, la misteriosa diosa de la Luna que traía visiones del reino oscuro. Su nombre significa "la distante" o "la que tiene más poder". Son tiempos de introspección, de sabiduría y de búsqueda de la verdad y de lo espiritual. Es la diosa de la magia, de lo oculto y de las profecías: esta etapa señala la madurez interior, la luz interna que ilumina nuestras vidas y las de los demás.

> Se creía que la mujer mayor, luego de dejar de menstruar, tiene la posibilidad de crear vida en su interior —escribe Manuela Dunn—. Se creía que con la sangre retenida en su interior estaba creando algo poderoso, estaba embarazada de sabiduría, en lugar de una nueva vida. Valoradas y honradas en la comunidad, estas mujeres sabias y mágicas poseían habilidades y poderes que ninguna mujer joven podía tener.

A la diosa Hécate se la vislumbra situada en el cruce de tres caminos en una noche muy negra, expresando la dificultad de elegir. Se dice que ella observa los tres senderos, simultáneamente, porque es el único ser que tiene tres cabezas: de serpiente, símbolo de sabiduría, energía de transformación y cambio de piel; de caballo, imagen de la fuerza y el correr en las praderas de la libertad; y de perro, encarnación de lo cotidiano y lo doméstico. En otras versiones se dice que tenía cabeza de león, encarnación de lo salvaje junto a las de yegua y de can.

En *Los misterios de la Luna negra*, Demetra George cuenta acerca de la representación de Hécate con tres cabezas y tres pares de brazos:

> Porta tres antorchas, una llave, una cuerda y una daga. Con las velas alumbra la oscuridad, con la llave entra en los secretos y los conocimientos escondidos del más allá; la cuerda es el símbolo del cordón umbilical del renacer y el cuchillo, la capacidad de corte de las ilusiones.

A Hécate se la representa con tres rostros distintos, con tres fases diferentes, que hacen referencia a su capacidad para comprender las trinidades: pasado, presente y futuro; nacimiento, vida y muerte; cielo, tierra e infierno; doncella, esposa y viuda; luna creciente, llena y menguante; vida, muerte y renacimiento; padre, madre e hijo. Es la reveladora de los misterios y, a la vez, la que los guarda.

Hécate rige los destinos y el lado mágico de la vida compartiendo su experiencia. Es el humor y la serenidad del experimentar y es quien nos impulsa hacia lo desconocido. Sus seguidores le dejaban comida en encrucijadas para festejarla;

después de alguna cena en su honor, los restos quedaban en la vera como ofrenda a la jauría que acompañaba a la deidad en sus viajes de medianoche. También era conocida como el perro de la Luna porque se la asocia a la estrella Sirio de la constelación del Can mayor.

Leyenda y mitología

Su origen tiene diferentes versiones: una dice que estaba a cargo de las tribus matriarcales en el Egipto anterior a las dinastías.

> El nombre Hécate deriva de la diosa comadrona egipcia Hequit, Heket o Hekat —escriben Marcia Starck y Gynne Stern en su libro *Danzando con la sombra*—. El Heq era el matriarcado tribal del Egipto predinástico, presidido por una mujer sabia. Heket era una diosa con cabeza de rana, conectada con el estadio embrionario en el que el grano muerto se descomponía y comenzaba a germinar. Era también una de las comadronas que asistía cada mañana al nacimiento del sol.

Otros la vislumbran en Grecia como una diosa prepatriarcal; también se la considera como una Triple Diosa formando parte de diversas expresiones de ella. Por ejemplo, como parte de la diosa Déméter y de su hija Perséfone: la mujer en plenitud, la doncella y Hécate, la vieja sabia. Es decir, se repite el número tres, la tríada de las fases de la Luna y de las diversas edades. Hécate es la mujer mayor madura que acompañó a Perséfone en sus incursiones en el mundo subterráneo. Se dice que fue la única que, finalmente, le contó a Démeter dónde estaba su hija, pues Hécate sabía escudriñar con éxito las profundidades y los submundos.

Como diosa lunar, Hécate es la fuerza oscura de la Luna y la Luna negra, mientras que Artemisa representa la Luna nueva (su versión joven) y Selene, la Luna llena, es decir, la plenitud de la vida con la incorporación de todas sus fases. Selene simboliza el cielo; Artemisa, la tierra y la caza, y Hécate, los mundos ocultos. También es la diosa Phoebe, que quiere decir brillante y radiante; a esta deidad se la representa utilizando la Luna como diadema.

Significado

Ella te encuentra en los momentos en que tú estás por tomar determinaciones importantes, relacionadas con el pasado, el presente y el futuro. Los desafíos que presenta una elección necesitan el fervor de la confianza. Hécate dice que no hay que pensar que existen decisiones equivocadas, sino que se escoge justo la que corresponde. Si no estás preparada en esos momentos, si no te sientes con la claridad suficiente, lo mejor es dejar ir sin presionar. Confiar porque ya vendrán las indicaciones: el saber qué elegir, el efectuar lo adecuado, decisión, renovación y regeneración. Ella es la sabia intuitiva que hay en ti.

Repentinamente —te susurra la Diosa— vendrá la claridad. Hécate insiste en lo desconocido que te pone en contacto con lo más recóndito. Para algunos es la relación con el arcano número nueve del Tarot, el Ermitaño, el tres veces tres, guía, maestro, compañero y aprendiz que, en forma lenta y prudente, en contacto con la naturaleza, contemplándola, encuentra la llama de la perfección para uno mismo.

La visión de la vejez se encuentra muy distorsionada en nuestra sociedad occidental y, en especial, en la latina. Si observamos fotografías de ancianas de los pueblos navajos, de las culturas indígenas en Estados Unidos, las huicholes o tarahumaras de México y nuestras propias machis y pachamamas de las tierras mapuches y del macizo andino respectivamente, apreciamos en sus rostros una senda surcada, una serenidad vital de calma y belleza. Se aprecia en esas imágenes la dignidad con que se asume la menopausia en las mujeres que forman el consejo de ancianas, la sabiduría de la experiencia siempre abierta a la transmutación. La capacidad de renovación y sencillez curando a través de lo natural de la tierra.

"Recuerda la importancia de honrar lo oscuro, puesto que sólo entonces podremos participar sin miedo en los desafíos y las alegrías de la vida", afirman las autoras de *La sabiduría de las diosas*.

Así también lo dice el canto de algunos colectivos y grupos: "Somos las mujeres viejas. Somos las nuevas mujeres. Somos las mismas mujeres, más sabias que antes, no somos las mismas".

Algunas preguntas para descubrir cómo vives a la diosa Hécate dentro de ti y si has sentido conflictos de elección son:

1. ¿Revisando desde tus primeros años, recuerdas situaciones en que te sintieras presionada a elegir y te costara hacerlo?
2. Pensando en tu infancia, ¿te sentías con miedo a la noche y a la oscuridad?
3. ¿Hubo momentos en que tomaras decisiones propias, diferentes a las que te proponían tus mayores?
4. Cuando disentías de las opiniones de los profesores o de tus padres, ¿te atrevías a expresarlo? ¿Te sientes pegada en algo del pasado?
5. Ahora, ¿te sientes capaz de mantener tus opiniones propias o eres influenciable?
6. ¿Sientes que tomas sola tus determinaciones? ¿Qué haces cuando te enfrentas a algo que te cuesta resolver? ¿Cómo vives tus tiempos de indecisión y/o de falta de claridad? ¿Los aceptas?
7. ¿Te gusta la Luna oscura? ¿Y las noches de viento?
8. ¿Qué te evoca la palabra laberinto y sus imágenes? ¿Con qué las asocias?
9. Cuando te conectas con la naturaleza, ¿qué es lo que más te gusta de ella? ¿Cuál es tu momento ideal de tu contacto con ella? ¿Temes las fuerzas de la naturaleza?
10. ¿Tienes alguna imagen o referencia que te contacta con tu vieja sabia?

11. Hasta el momento, ¿qué has aprendido de la vida y de tu propio andar?

Invocación y ritual

Los dominios de la Diosa Oscura se celebran con rituales en el año nuevo de las brujas, antes del día de los muertos que se venera el 1 de noviembre. Se conmemora en el hemisferio norte entre el equinoccio de otoño y el solsticio de invierno.

Se sugieren vestimentas azul oscuro o en tonos morados profundos. Conviene que cada participante limpie su aura con humos de incienso, hierbas o palo santo y, ojalá, el ritual se pueda realizar al aire libre. Entre los objetos para el rito están las gemas y cristales, una bola grande, plumas de búho o lechuza, ramas de tejo o álamo, una daga, velas de color lila y ahumado. Se llama a los cuatro elementos, invocando a las diosas hermanas en cada punto cardinal. Un caldero con fuego al medio y, en su defecto, una vela grande negra.

A Hécate se la llama en el norte, apelando a la dirección de su sabiduría y su magia para crecer y evolucionar. Los tambores e instrumentos de percusión ayudan a la danza y a las sensaciones de libertad profunda junto a la respiración. A través de las palabras en jerigonza nos expresamos lo más posible con lo que estamos sintiendo. Enseguida, las participantes anotan en una hoja sus miedos en relación a la muerte y la vejez. Conversan sobre lo que sienten en estos tiempos en que su sexualidad se transforma y en los cuales muchas mujeres recién poseen espacios de libertad para realizar sus propios intereses, investigaciones, sueños y hobbies. Los anotan en una hoja o en el cuaderno de las diosas.

Cuando la ceremonia entra en su apogeo, las integrantes del círculo queman este papel expresando a viva voz los anhelos profundos, recreados en este espacio, en este preciso instante. Cada una canta sus deseos y el resto los corea respondiendo con un: ¡Que así sea!, repetido tres veces para cada una.

Visualización

Música tenue de la naturaleza, vientos. Introducción a la relajación, énfasis en las respiraciones. Cada una cuida su espacio para estiramientos y desplazamientos del cuerpo. Imaginamos la noche oscura y vamos marchando lentamente hasta que, de pronto, se abren ante nosotras tres senderos de colores: de la tierra, verde y negro.

Cada participante se adentra en el que le es más afín en los instantes mismos del ritual. Las elecciones representan lo que está en el inconsciente. Puedes conversar con cada camino, después del ritual, para aclarar tu elección.

INANA
Asumir la propia sombra

Cultura original: Sumeria, Babilonia, donde se la conoció con el nombre de Ishtar e, incluso antes, como Astarté.

Tendencias y energías: Valiente, guerrera en el mundo de lo oculto, hacia la muerte, premunida del fuego y el agua que se entretejen en mujeres de mucha audacia, que van hacia los submundos y de esta manera se renuevan y regeneran cambiando su aire y su vibración.

Mensaje: Abraza las áreas desconocidas de ti misma.

Símbolos: Joyas, corona, lapislázuli, portales, encuentro con la hermana y las sombras, con el espejo, con las estrellas, con el túnel.

Colores: Oros, azules, rojos, naranjas, arco iris, negros.

Frase talismán: *Soy mis dos caras: la luz y la oscuridad. ¡Asumo mi Sol y mi Sombra!*

Características principales

Inana, la Gran Diosa Madre, reina de los cielos y de la tierra, que enfrentó su propia muerte descendiendo al oscuro mundo de la no vida, vivió en Sumer o Sumeria, al sur de Babilonia, en la zona que hoy llamamos Irak, hace más de 3 mil años a.C. Algunos sitúan su presencia en unos nueve milenios a.C. Era la Gran Diosa Madre distinguida en todos los pueblos con diferentes nombres. Los babilonios la llamaron Ishtar; se la conoció en Siria como Astarté, en Israel como Astaroth; más adelante, en Grecia, como Afrodita, y en Roma, como Venus. El planeta que lleva este nombre se confunde con una estrella y se lo denomina Lucero. Inana representa la leyenda más antigua del mundo en cuanto al viaje de las almas desde la tierra a los abismos del no retorno.

La Inana guerrera aparece representada por una carroza tirada por siete leones. La deidad fue tan valiente y arrojada que el sentido del mito persiste hasta hoy día, siendo indispensable integrar la sombra en cada una de nosotras: descubrirla, reconocerla, observarla, incorporarla para evolucionar desde lo verdadero y global de cada uno con sus dos polos, los que son nuestros vicios y virtudes.

Inana representa el ser dueña del poder personal que existe dentro de uno y de la fortaleza interna. Por otra parte, en el antiguo testamento, a Inana se la trata de prostituta con el nombre de

Ishtar, la diosa posterior de Babilonia, de una expresión más intensa y más agresiva que la propia Inana. Ishtar fue temida por su dignidad, arrojo, erotismo y vitalidad. Eran los tiempos de la prostitución sagrada en los templos. Las mujeres iniciaban e instruían a los varones en el sagrado arte de hacer el amor y ellos entregaban valiosas ofrendas que servían para mantener estos sitios de iniciación.

Inana y su hermana Ereskigal forman una sola persona que simboliza los contrastes: la luminosidad y lo sombrío, lo oculto y lo revelado. Inana es la diosa de la Mañana y la Estrella del Atardecer, la Reina de los Cielos.

Por el contrario, Ereskigal expresa a la "Reina del Gran Abajo": las ambiciones desmedidas, la sexualidad muy animal, lujuriosa, la furia, los celos, la envidia, las heridas del rechazo, la avidez, la ansiedad, los miedos, la desidia con uno misma, las venganzas; todas emociones que nos cuesta asumir y delimitar. Inana anhela la visión superior, redescubrirse con lo integral de su ser, aunque sea como el veneno, aunque le haya sido invisible hasta ahora.

Leyenda y mitología

Un día, Inana fue a ver a su abuelo Enki, dios de la Sabiduría, que se alegró mucho con la visita y preparó un festín. Además, Enki ofreció a su nieta un regalo que consistió en las cualidades para ser un buen gobernante, denominadas "me".

Al finalizar el banquete, ella decidió cargarlas consigo y devolverse a su ciudad, Uruk. Una vez que despertó Enki, quiso traer de vuelta los "me", pero no le fue posible. De esta manera, Inana se convirtió en Reina del Cielo y la Tierra. Ahora, entonces, necesitaba un consorte, por lo que se casó con el pastor Dumuzi, que es a la vez su hijo, como sucede en otras historias míticas.

Al dirigirse por su propia voluntad al reino de su hermana Ereskigal, para tomar contacto con el mundo de abajo, Inana usó como pretexto la asistencia al funeral del esposo de su hermana, Gugalanna, el Gran Toro del Cielo. La diosa tuvo que atravesar siete portales y en cada uno de ellos fue dejando un objeto, una prenda o una joya. Estos siete actos representan los despojos del mundo material a los que ella se ve sometida a realizar para estar, finalmente, sin ningún tipo de vestimentas y joyas.

Los descensos siguen un patrón:

- Primer portal: Separación de la casa y de la familia; allí deja su corona que es su poder.
- Segundo portal: Regresión a lo oscuro o al estado prenatal o uterino; en esa puerta entrega sus cuentas de lapislázuli, que son sus piedras de protección y dominio.
- Tercer portal: Muerte, desmembramiento, sufrimiento. Pierde su doble collar de cuentas largas y cortas que le llegaba justo hasta el pecho, dejando de ese modo allí sus variadas cualidades.

- Cuarto portal: Renacimiento, aunque en este portal entrega su medallón que le protegía el pecho; el corazón es el órgano que transmuta hacia el amor crístico.
- Quinto portal: Sacrificio de otra persona que tomará el lugar que quedará vacío. Allí le quitan su pulsera, otro objeto que la identifica.
- Sexto portal: En esta puerta le piden su cetro de lapislázuli, que le servía para medir.
- Séptimo portal: Es obligada a dejar todos sus atavíos.

Durante su recorrido hacia el abajo fue abandonando todos sus atributos y poderes: llegó a los abismos completamente desnuda, vulnerable y sin ningún tipo de máscaras. Es la renuncia a los ropajes de la personalidad. Se dice que estos descensos serían el origen oriental de la danza de los siete velos.

Cuando su hermana Ereskigal la vio, le dirigió la mirada de la muerte y la golpeó, colgando el cadáver de Inana de un gancho, donde permaneció tres días y tres noches. Inana podía dejar el mundo de los muertos y nacer de nuevo si encontraba un sustituto para ocupar su lugar allí abajo. Cuando ella renace, gracias al agua de la vida con que la rocían, se da cuenta de que su marido, Dumuzi, ha usurpado su sitio, el trono de los cielos, y le ofrece el de abajo en su reemplazo. Ella lo llora y guarda luto por su ausencia. Otra hermana de Inana, Geshtinana, sufre por Dumuzi y se ofrece a compartir su suerte sacrificando su propia vida por él. Gracias a ella, Dumuzi, el pastor, vuelve cada medio año a la tierra para fertilizar las cosechas en su rol de dios de la vegetación.

Jornada a los submundos

El descenso de Inana es el clásico viaje de la heroína, un viaje que la mayoría de nosotras hacemos en algún momento de nuestra vida —escriben Marcia Starck y Gynnie Stern en su texto *Danzando con la sombra*—. Nos vemos forzadas a realizar este viaje cuando algún trauma nos hunde en la depresión, cuando algún cambio nos apremia a tomar decisiones importantes en nuestra vida, o cuando la enfermedad física nos empuja a mirar por debajo de la superficie las emociones que hemos estado reprimiendo. Elegimos este descenso cuando queremos contactar con nuestro lado desconocido y sombrío; cuando descendemos en profundidad, transformamos nuestro yo consciente y a menudo, reorganizamos radicalmente nuestra vida.

El número siete era de carácter mágico en la antigua Sumeria y en muchas culturas se lo considera así; por de pronto, los siete días de la creación, las siete notas musicales, los siete planetas superiores, la danza de los siete velos, las siete maravillas de la humanidad, los siete pecados capitales, las siete virtudes. Inana tenía siete ciudades y siete templos, por ello se considera sagrado este número para ella. También el siete alude a los siete chacras, centros de luz y de energía, como se les llama. Se dice que existe el centro de energía que se regula con estos descensos que nos dejan en lo esencial. A Inana se la define como una guía y protectora de mucha paciencia y bondad.

Una vez que se vuelve de los reinos subterráneos, nunca más se es la misma persona. Es una especie de *turning point* en la vida, una apertura de conciencia, un darse cuenta, un avance sin retorno.

Significado

Este poema de Amy Sophia Marachinsky expresa, de forma muy certera, las sensaciones que se producen con Inana:

> *Ella era inmensa y oscura, hedionda y muy peluda con cabeza y garras de león, devorándoselo todo, Ereskigal, mi hermana. Ella es todo lo que yo no soy. Todo lo que he escondido. Todo lo que he enterrado. Todo lo que he negado. Ereskigal, mi hermana, Ereskigal, mi sombra, Ereskigal, mi propio yo.*

Es descubrir y encontrar el infierno propio, cómo se entra en él y cómo se sale de él. Los polos de la personalidad. Los asuntos de una misma que cuesta aceptar. Las cuestiones impuestas por la sociedad o por el medio en el que se vive y que no son realmente auténticas. El engaño a una misma. La falta de sinceridad.

Preguntas a la Diosa Inana para establecer la relación con nuestro inconsciente, con la propia

Inana, con los sitios guardados en lugares recónditos que nos cuesta contactar y ver:

1. ¿Qué experiencias has vivido que te recuerden el descenso al mundo de lo desconocido? ¿De qué cosas tanto materiales como psicológicas te has desprendido?
2. Haz una lista de tus pérdidas en las diversas etapas de tu vida. ¿Cómo te las has arreglado después de las renuncias?
3. ¿Existen cerca de ti personas que hayan perdido seres o tengan problemas importantes? ¿Cómo te sientes frente a ellas? ¿Tienes fuerza para ayudarlas en sus heridas?
4. Escribe las siguientes palabras y describe la diferencia entre ellas: dolor, pena, pérdida, tristeza, aflicción, sufrimiento, sacrificio.
5. Expresa qué has aprendido de estos sentimientos. ¿Qué sientes que has integrado a través de ellos?
6. Cuando tienes dolor, ¿lo expresas, a veces, a través de la rabia? ¿Sabías que una depresión puede esconder mucha ira no asumida?
7. ¿Sientes que guardas pena o enojo en alguna parte de tu cuerpo? Si es así, descríbelas y comenta sobre la relación entre estas dos emociones.
8. ¿Qué fortalezas has descubierto en tu ser, en especial respecto al manejo del dolor y la rabia o el resentimiento?

Invocación y ritual

Para conseguir tu objetivo es conveniente que te expreses con coraje y determinación, con valentía y osadía, confiando en tu anhelo de transformación y en tu capacidad de confrontar el reino del inconsciente. Se te sugiere invocar a la estrella celestial, a la guía de sanación y protección, a tus propios guías y a tu ángel de la guarda. Confía en que si llamas a Inana perderás todo temor a desafiar lo desconocido.

Visualización

Imagínate ante las puertas de un túnel que tiene una pendiente de descenso y que tú comienzas bajando por este estrecho canal que tiene luz y que no resulta ni tan temible ni tan frío y oscuro como imaginabas. Lentamente, desciendes más y más hasta que llegas a un punto donde este se acaba. Frente a ti, en el hueco final en la pared, aparece el dibujo de tu sombra. La observas, te miras en un espejo. Te reconoces. La figura y forma dialoga contigo, te expresa sus necesidades, que tú acoges esta vez, cara a cara, aceptando sin vacilar aspectos de ti misma: fieros, sensuales, intensos, indignados, dolorosos, y todos los otros que surjan.

LILITH
*Diosa del Poder
y la Liberación*

Cultura original: Sumeria, Babilonia.
Tendencias y energías: Poder, sexualidad, intensidad, independencia, desafío, rechazo, energía animal, crudeza, capacidad asertiva y de límites.
Mensaje: Revisa tu vida para determinar en qué aspectos necesitas liberación para asumirte globalmente. Sé capaz de decir no.
Símbolos: Lechuza, alas, mujer en un desierto de ventoleras o en las costas bravas.
Colores: Rojo, negro, azul profundo, verde sombrío, carne y blanco.
Frase talismán: *El origen de la divinidad vive en cada una de nosotras y nosotros.*

Características principales

Lilitú es la diosa sumeria de la tormenta y se dice que en el origen los hebreos la transformaron en la primera mujer de Adán y la llamaron Lilith. Cuando iba a tener su primera relación sexual, ella rechazó yacer bajo aquel, no queriendo someterse a su voluntad: insistió en ello, señalando que los dos habían sido creados al mismo tiempo y que, por lo tanto, debían tener relaciones sexuales sin ninguna supremacía del uno sobre el otro, porque a ella también le interesaba sentir el placer y el goce sin someterse. Como él no aceptó esto, ella lo dejó.

Fue castigada con el destierro, en el cual se halló a gusto; otra versión la sitúa viviendo en cavernas junto al mar Rojo. Se la considera unida con las fuerzas inclementes de la naturaleza. Esta actitud la hace representar una parte importante del arquetipo de las diosas oscuras, de las deidades ocultas, del inconsciente femenino, del submundo de lo desconocido, incluso para nosotras mismas.

¿Qué es realmente la Diosa Oscura?

Simboliza la oscuridad de la Luna, el tiempo de la Luna nueva: cuando no hay luz en el cielo nocturno —escriben Marcia Starck y Gynne Stern, en su libro *Danzando con la sombra*—. En esta oscuridad se manifiestan nuestros miedos más profundos. Es la Luna menguante y la Luna oscura. Además, es el momento en el que muchas mujeres sangran: la Diosa Oscura representa la sangre menstrual. Ella asume la forma de los misterios de las mujeres que no han sido comprendidas y que producen miedo. Representa el cambio y la muerte; la parte de nuestra naturaleza que se resiste a cambiar y que teme a la Diosa Oscura.

"Es la diosa de la transformación radical", apunta por su parte Nancy Blair.

Desde el punto de vista astrológico, la Luna negra es un complemento de la interpretación de la Luna llena —indica la astróloga alemana Joélle de Gravelaine, en su texto *Lilith y el desapego*—. Muestra dónde nos cuestionamos a nosotras mismas, nuestras vidas, nuestros trabajos, nuestras creencias. Siento que esto es importante, puesto que nos da la oportunidad de desapegarnos de algo... simboliza la firme voluntad de estar abierta y confiada, de dejar que el mundo trascendental fluya a través de uno, confiada enteramente en las grandes leyes del universo, en aquello que llamamos divinidad.

Leyenda y mitología

Lilith, Chokmah (sabiduría) y Shekinat son los aspectos de Iahu Anat, la gran diosa del pueblo judío. En su historia tradicional se la considera un demonio y casi no aparece mencionada en la mayor parte de las obras, si bien en el Libro de los Esplendores, el Zohar, y en las enseñanzas de algunos pocos cabalistas se la menciona casi siempre desde una visión negativa. En la cábala hebrea, Lilith fue descrita como un símbolo del diablo que se introducía en los lechos de los hombres y los llevaba a eyacular mientras dormían, con lo cual el semen se desperdiciaba o era robado por ella para quedar embarazada, engendrar más demonios y vengar la pérdida de sus hijos celestiales. Otra versión indica que en su nueva existencia se convirtió en la amante del demonio marino Asmodeo, con el que producía centenares de monstruos.

Al invadir Canaan, los hebreos aprobaron leyes que despojaron a la prostituta sagrada de su categoría, incluidos los derechos hereditarios de los que había disfrutado, según consta en los primeros archivos de Sumeria —afirma en *La Diosa*, su autora Shahrukh Husain—. Poco a poco, los templos desempeñaron exactamente la función contraria a la cumplida hasta entonces. Los hombres rezaron a la espiritualidad y a la liberación de los placeres carnales en los mismos sitios donde antes habían venerado la comunión sexual. Los templos dejaron de ser sitios de culto gozoso para convertirse en centros de penitencia y temor. La actividad sexual de la mujer ya no se consideró un proceso de purificación y la unión con lo divino se redujo a un hecho estrictamente espiritual. La diosa y sus representantes fueron consideradas impuras.

Lilith tuvo una historia accidentada que duró desde la antigua Sumeria hasta la época hasídica en la Edad Media, viviendo siempre fuera de la ley y cuestionada, situación que se mantiene hasta hoy en un gran número de círculos judíos.

¿Símbolo ecofeminista?

Por otra parte, cabe destacar que hoy en día, en los diversos circuitos de mujeres y en los grupos ecofeministas se incorpora a Lilith. Incluso han surgido colectivos feministas judíos como el Bnotesh, Hijas del Fuego, un grupo con más de 10 años de existencia, dirigido por Judith Plaskow, la que escribió una nueva historia bíblica, entre otros ensayos, en la cual se pregunta qué habría pasado si Lilith y Eva se hubieran conocido, aludiendo a la hermandad de las mujeres de esas épocas.

Todo esto le da un sentido a la rebeldía de Lilith y la señala como la primera feminista, la primera en enfrentar el poderío de lo masculino, conquistando su propio lugar.

Esto afirma la urgencia de Lilith de no aceptar ninguna autoridad patriarcal. Ella manifiesta a esa diosa negra, cuya sombra y realidad debemos incorporar para conocer la totalidad. Personifica aquella parte instintiva y animal con olor a mujer. Se la describe en algunos textos como una mujer salvaje que vive en el desierto, conversa con los pájaros y las bestias; se la retrata con alas y con las extremidades inferiores parecidas al búho o la lechuza; muy a menudo se le incorpora una serpiente como símbolo del conocimiento y la transformación de la energía.

Se la considera deidad de la vida y la muerte, ya que no es fértil en el amplio sentido de la palabra: sus pechos no tienen leche y no puede acoger en su vientre a las criaturas y menos a las recién nacidas. Hay una versión que la retrata como madre de cien pequeños demonios, los que no han podido mantenerse con vida por la falta de cuidados de su progenitora.

La intensidad de Lilith resulta seductora para los varones. Representa el espíritu libre que hace lo que desea y que se atreve con su don de dominio y su fiereza; defiende su libertad por sobre todas las cosas. Frente al arquetipo de la Eva sumisa, representante de las niñas buenas, ella representa a las rebeldes. Es la que se declara como la mala de la película y en la sentencia feminista que reza: "las niñas buenas van al cielo y las malas al infierno", ella elige ir a este infierno, a ese purgatorio con tal de experimentar la aventura del vivir. Tiene que ver con lo anticonvencional y lo inesperado; también presenta a la otra, la que, por ejemplo, es capaz de intervenir en una relación matrimonial en aras de cumplir con sus formidables pasiones y salvajes instintos.

Significado

Si Lilith aparece te está diciendo que te hagas cargo de tu tremenda energía y de tus anhelos de volar en algún aspecto de tu vida. No necesariamente se refiere al sexo. Te dice que te conectes con tu poder profundo y no temas a tu expresión propia. No se trata de que vayas por el mundo en forma inadecuada, pero sí de que dejes de ocuparte de que tu tenacidad sea malinterpretada y que, en especial, la reconozcas ante ti misma.

Aceptar tu lado escondido es fundamental para engendrar la fuerza como un elemento positivo, que es una fuente creativa y vital para ti. El lado que se atreve a decir que va contra la corriente, asumiendo su realidad individual.

Preguntas relacionadas con Lilith, la diosa del poder y la liberación:

1. ¿Reconoces una parte "salvaje" en ti? ¿Ahora, desde pequeña, cuando adolescente o después de tus primeras relaciones sexuales?
2. ¿Cómo has expresado a lo largo de tu vida ese componente instintivo, ese fuego alocado de tu ser?
3. ¿Con qué aspectos de tu vida asocias esa parte?
4. ¿De qué forma has expresado tu sexualidad? ¿Te has permitido vivirla libremente sin prejuicios y miedos del qué dirán?
5. ¿Cómo relacionas tu historia vital con la de Lilith? ¿Has vivido algo semejante?
6. ¿Has vivido alguna relación inconveniente?
7. ¿Te has sentido en el rol de amante, casada o no casada, con tu marido y/o con un amor?
8. ¿Cuál es uno de los desafíos principales que te falta vivir en relación a fantasías o deseos?
9. ¿Qué sueño te falta cumplir?
10. ¿Cómo te relacionas con las historias de Lilith y de Eva, mujeres de Adán?
11. ¿Te has sentido rechazada?

Invocación y ritual

Si necesitas activar este arquetipo en ti, se te sugiere que vayas a la montaña o al lado del mar, de un río o una cascada; si no puedes ir, utiliza la música (los sonajeros, los tambores) que nos influye para conectarnos y logra removernos emocionalmente. Haz las catarsis necesarias por medio de sonidos y movimientos. Debes expresar el arquetipo de Lilith, con todo su poder, en forma intensa, a través de quejidos, sonidos, formas corporales, danzas salvajes y lo que la situación permita. Si estás en grupo, mejor aún.

Invoca la presencia de Lilith con todos sus poderes para completarte. ¡Atrévete a reconocer tu sombra, la parte menos clara e inconsistente de tu ser! Lilith te sugiere la conexión con un animal, con lo más instintivo de tu vida y que desde allí saques tu autoafirmación junto a tu independencia. Esto te apoya en el logro de tu autoestima y tu libertad personal.

¡Imagínate ahora como un ánima! Visualiza cuál serías. ¿Cuál eres? ¿Qué haces? Siente que estás en medio de la naturaleza. ¿Cómo es el lugar? ¿Tiene alguna relación con tu santuario personal? ¿Cómo transcurre tu tiempo? Permítete experimentar a esa gatita, a esa leona, a esa serpiente, a ese pájaro, al tigre, al gato, al perro, al chancho, al delfín, el que surja. Experimenta la vivencia, el tiempo que necesites... el rato que quieras. ¡Ayúdate con la música y los sonidos, con el bongó y el kultrún, instrumentos del son primario!

Visualización

Música intensa acompasada, desiertos áridos, unos pocos árboles, cactus de diversas especies, algunas aves de rapiña surcan los cielos y se divisan a lo lejos. Aparece una mujer de gran figura, pies grandes, mirada que se clava en los ojos con los que se encuentra. Nos medimos con ella en la intensidad de esas pupilas. Observamos con lucidez si somos capaces de mantener ese reto escudriñador. Tomamos conciencia de nuestros miedos. Observamos las sensaciones corporales, los climas de frío o calor y las ideas e imágenes que nos embargan.

KALI
Diosa de la Creación y la Destrucción

Cultura original: India.
Tendencias y energías: Decisión, inteligencia, coraje, cólera, justicia, corrección, impecabilidad, asertividad, desapego, capacidad de corte.
Mensaje: Es tiempo de enfrentar los acontecimientos de raíz, con valentía y resolución.
Símbolos: Tigres, armas, lanzas y dagas, muchos brazos y manos, calaveras.
Colores: Negro, rojo y amarillo fuego.
Frase talismán: *Utilizo todo mi coraje para enfrentar mis ilusiones y efectúo los cortes necesarios para evolucionar.*

Características principales

Kali, la madre terrible de la mitología india, primitiva y poderosa, es considerada la deidad de los tiempos eternos y de la muerte. Es un arquetipo que tiene que ver con nuestros miedos, sueños y esperanzas, con la caída de los espejismos, con nuestras identificaciones, con nuestras falsas creencias, con nuestros temores a ser destruidos, con la necesidad de transición y de autorregeneración.

Kali es la diosa guerrera que va al frente sin dudas y sin compasión: incorpora los principios de guerra, afirmación y energía marcial. Al destruir lo viejo, se hace espacio a lo nuevo y se da la oportunidad de iniciar un nuevo ciclo en la espiral evolutiva.

A Kali se la representa en colores rojo y negro intensos, con collares de calaveras humanas en el cuello, y con huesitos de guaguas colgando de las orejas. El investigador Ajit Mookerjee, en su texto *Kali, the Feminine Force*, señala:

> Cada una de estas cincuenta calaveras humanas, cada una de las cuales hace referencia a una de las 50 letras del alfabeto sánscrito, simboliza tanto el conocimiento y la sabiduría como las cincuenta vibraciones fundamentales del Universo.

Se dice que del sánscrito proceden todas las lenguas indoeuropeas. Kali escribió cada una de las letras en cada una de las calaveras, las que representan la energía creadora primordial.

Kali, la divinidad, es el poder cósmico, la totalidad del universo, la armonización de opuestos que combina el terror de la destrucción absoluta con la confianza impersonal y, sin embargo, maternal. La traducción de Kali es "negra" y también "tiempo". Otro nombre con que se la llama es "La nave para atravesar el océano de la existencia". Esto nos afirma la dirección, la intensidad y el enfrentamiento íntimo y personal que conlleva. Los seguidores de la diosa Kali usan sus vestimentas en rojo brillante. Se dice que todos los colores desaparecen en el negro y que todos los nombres y diferencias desaparecen en Kali.

Vigor en la transmisión

También se potencian estos poderes de transmutación a través de sus múltiples pares de manos: dos, cuatro, seis u ocho, en las cuales sostiene las espadas, cuchillos, escudos, joyas y adornos que la acompañan y que nos hablan, a la vez, de la sabiduría en el anhelo de corte de todas nuestras ilusiones. Nos hace de espejo de nuestros límites, del tiempo, de la mortalidad. Nos conduce obligándonos a mirar las sombras.

Ella cambia nuestros ciclos y produce nueva vida. Se dice que cuando hay tristeza ella canta; cuando hay miedo ella danza; cuando hay rabia ella la expresa con ferocidad. Kali nos hace encontrarnos con nuestro ser salvaje original. Nos hace mirar todo lo que hay escondido en nuestro inconsciente y en el mundo que nos rodea, iluminando lo más recóndito e invisible. Nos hace ser más auténticos y auténticas al mostrarnos nuestras falsas creencias y apegos, los limites de la vida y, por ende, de la propia existencia.

En muchas tradiciones hindúes, Kali es la diosa más grande de esta época y se la nombra Kali

Yuga, que significa el tiempo de Kali. De acuerdo a la astrología hindú, esta sería la época de Kali Yuga, la más potente era de transformaciones. En estos tiempos es de vital importancia comprender a la diosa con el objeto de sobrevivir desapegándose de los hábitos y costumbres fijos, yendo hacia los cambios para lograr, finalmente, la paz del fluir con lo que vaya pasando, con los sucesos. Ella hace comprender más y mejor la oración "Hay lo que hay", de los seguidores de Buda.

Leyenda y mitología

Una de las versiones sitúa el nacimiento de Kali en tiempos en los cuales la fuerza masculina era predominante y amenizaba el universo con la destrucción total.

> Incluso los grandes dioses —señala Patricia Monaghan—, no tenían poder frente a los asuras o demonios. Finalmente, uno de ellos, Mahisasura, se apropió del poder divino y amenazó a los dioses que temblaban de miedo.

Mas, la gran diosa Parvati, hija de las montañas del Himalaya, vino en su rescate. Bajo su conducción, los dioses unieron sus fuerzas y expelieron bocanadas de fuego y desde dentro de ellas surgió la gran diosa guerrera Durga, bajo unos ruidos atronadores. Incluso a ella le costó conquistar a los demonios. Mahisasura se convirtió en búfalo y la atacó una y otra vez. Finalmente, ella se cansó y de pronto surgió desde su entrecejo, de su tercer ojo, una diosa (quizás aun más poderosa que Durga), la intensa e iracunda Kali, armada de un tridente. Entre ambas vencieron a los demonios y restauraron el balance en la tierra.

Observar la imagen clásica de Kali, en la que se divisa a una mujer joven y estudiar sus símbolos ayuda a comprender su sentido global.

Una de sus manos porta su propia cabeza cortada, indicando la aniquilación de su ego, mientras una de las otras sostiene la espada de dos filos destinada a cortar los hilos que la mantienen atada.

El pelo que la corona —describe Hallie Iglehart Austen, en su texto *El corazón de la diosa*— está lleno de poder y vitalidad. Su desnudez revela el regalo de la verdad. Ella danza con su pareja cósmica que trae a la creación todo lo que es el ser. En sus manos sostiene la espada de la sabiduría que destruye la ilusión... Las tijeras que cortan los apegos, varias cabezas que representan el relajamiento de la mente, del ego y los mil pétalos de la realización. Las serpientes que se encuentran a su alrededor señalan a Shakti, la fuerza regeneradora. Los brazos en su pecho representan las múltiples acciones que no están relacionadas a los resultados, sino que a un estado real de libertad y poder. Las cabezas representan la visión acumulada de nuestras existencias humanas, las que están juntas a través del cordón umbilical del alma que adorna su garganta.

El panteón indio

Kali representa una forma de fuerza femenina protectora y de gran fortaleza, denominada en la India bajo el vocablo Shakti, que en sánscrito significa energía. La adoración a la diosa se conoce desde tiempos inmemoriales, ya que se han encontrado grandes estatuas que la representan en las ciudades prehistóricas de Mohenjo-Daro y Harrupa, las que no desaparecieron, pero se asimilaron al complejo panteón de las divinidades del hinduismo.

Los brahmanes asignan tres funciones de Kali a tres dioses: Brahma, el Constructor, Vishnu, el preservador y Shiva, el destructor —explican Marcia Starck y Gynne Stern, autoras de *Danzando con la sombra*—. Se hizo el paralelo entre Shakti y Shiva, la fuerza de la diosa Kali con el dios destructor, Shiva, el señor de la danza del panteón básico de los tres dioses principales... Vishnu honra a Kali en un poema que dice así: "Causa material de todo cambio, manifestación y destrucción... Todo el Universo descansa sobre Ella, surge de Ella y se vuelve a fundir en Ella".

Otra versión establece que Kali combatió con dos demonios, logró la victoria y chupó la sangre a los cuerpos de los vencidos; y luego, entró en un gran frenesí de baile hasta que se dio cuenta de que bajo ella yacía el cuerpo inerte de Shiva y que ella estaba danzando su muerte.

Esta diosa, inspiradora de temores reverenciales, es la personificación de la madre buena y terrible, de la creadora y la destructora en su grandiosa forma de vida, amor, muerte y destrucción —indica Manuela Dunn—. Se la representa tradicionalmente como Madre Negra, a horcajadas sobre su consorte muerto, Shiva, comiéndose las entrañas, mientras su yoni, órgano femenino exterior, es devorado por el lingam, u órgano sexual masculino... La diosa era la representación del flujo eterno de la vida, del que surgen todas las cosas y luego desaparecen. Ella era la causa material de todo cambio, manifestación y destrucción.

Kali sigue siendo objeto de adoración en la India; su retrato cuelga en muchas casas y su nombre es familiar, en especial en la ciudad de Calcuta, donde ha adaptado su nombre al inglés de Kali-Ghatt, que quiere decir los peldaños de Kali, el templo de su ciudad. La devoción a Kali despierta al ser humano y lo lleva a una conciencia muy lúcida. Más que entenderla con lógica o control mental, tenemos que sentirla integralmente. En los templos hindúes, los visitantes tocan con sus dedos el yoni de Kali para atraer la buena suerte. En el yoga tradicional, la representa la postura del león.

Descubrir nuestra Kali

Hay místicos indios que señalan que si no podemos ver a la Kali que llevamos adentro —afirma

Manuela Dunn— nunca tendremos un verdadero libre albedrío. Nuestros hábitos cotidianos, en todo orden de cosas, nos impiden ver y elegir el camino de la diosa. El arquetipo de la creadora y la destructora no suele aflorar con facilidad en la psique de una mujer, sobre todo en el mundo del siglo XX. Sus efectos son la expresión de las emociones brutas y animales que, a pesar de la negación, existen en la memoria almacenada durante todas las vidas. Las terapias experimentales tienen el objeto de liberar poderosos acontecimientos de la psique reprimida. Pueden ser experiencias muy traumáticas para el individuo, que al salir a luz ejercen un poder liberador. El éxito de la terapia —agrega la escritora mencionada— depende del dejarse ir total, ilimitado e incondicional del paciente, que literalmente limpia su alma de la marca del destino.

Este es el sentido primordial del arquetipo de Kali: la destrucción total del daño para crear un nuevo y purificado estado de conciencia. Cuando este arquetipo se desata es útil para que la persona que lo asume pueda erradicar las sombras de su psique. A través de la destrucción, ella se obliga voluntariamente a la creación y a no dejar traumas irresueltos y situaciones inconclusas.

La proposición de esta deidad es dejar de ser esclavos de las creencias e ir hacia lo más esencial en el aquí y ahora y asumir el poder creativo que surge de la intensidad de Kali: la valentía y la lucidez que conlleva. Ella nos invita a sentir amor, alabanza, belleza, gratitud y generosidad hacia todo el libre albedrío que poseemos y que nos ayuda a "visionar" los cambios y llevarlos a cabo con impecabilidad.

Significado

La aparición de la diosa Kali en tu consulta te invita a preguntarte: ¿utilizo mi fortaleza?, ¿asumo mi fuerza superior?, ¿hago los cambios interiores y exteriores que la existencia me sugiere para estos días?, ¿visualizo el significado de la intensidad de la diosa que escogí?, ¿sé dónde tengo la guerra en mi vida?

Es un momento delicado de mutaciones esenciales, de conectarte con tu interioridad para llevar a cabo las hondas transformaciones que tú, en algún nivel de tu ser, sabes que debes efectuar. Es dejar de lado los procesos estancados, las metas no visualizadas, las falsas creencias e ilusiones. No existen más las medias tintas. La mirada que te sugiere la diosa Kali es honesta, con espejo en mano, por más doloroso que te sea en un primer momento mirarte reflejada allí y realizar esta limpieza con sus consiguientes tajos y separaciones.

Preguntas para encontrar a Kali, la que junto a las diosas Parvati y Durga, es la divinidad más potente del panteón indio:

1. Revisa la relación con tu madre. ¿Te sentiste alguna vez abusada, dominada, ahogada o anulada por ella?

2. Si tienes hijos, revisa tu rol de madre: ¿haces lo mismo que ella con tus propios hijos?, ¿eres igual a tu madre?, ¿qué actitudes de ella estás repitiendo? o ¿eres justo lo contrario de ella?
3. Observa por un momento tu casa. ¿Cuál es uno de los objetos o lugares más importantes? Dale una mirada circular al santuario recreado por ti: ¿cuál es el objeto o lugar más significativo? ¿Qué botarías? ¿Te dice esto algo sobre tu persona?
4. Si te permitieras suprimir alguna actividad de esta semana para simplificar tu vida, ¿cuál sería y por qué?
5. ¿Te has ocupado de tu muerte? ¿Has hecho tu testamento? ¿Has indicado tus deseos sobre cómo quieres que se disponga de tu cuerpo? ¿Quieres ser cremada o enterrada? ¿Lo has indicado a tus familiares más cercanos y/o dejado por escrito?
6. ¿Te has sentido alguna vez amenazada por la muerte? ¿Qué ocasiones de tu vida recuerdas como instantes cercanos a ella? ¿Cómo te sentías?
7. ¿Has tenido alguna vez ideales por los cuales estabas dispuesta a morir?
8. ¿Te imaginaste alguna vez que podrías matar a alguien o hacer algo horrible por alguna causa?
9. Busca alguna figura que represente para ti la muerte o encuentra algún retrato de la diosa Kali. Observa el símbolo elegido e imagina que estás muriendo, mientras la observas. Pon

atención a lo que te sucede mientras haces esto y anótalo en tu cuaderno en los minutos que hagas esta experiencia.

Invocación y ritual

La palabra Shakti, en una repetición meditativa a la vez que con una intención, te puede activar el vigor necesario para atreverte a ir con lo más esencial de tu ser, con los procesos de cambio en todo orden de cosas, ya sean prácticos, profesionales, psicológicos, amorosos, incluyendo términos de una relación e, incluso, traslado de casa, ciudad y/o hasta de país.

Por otra parte, observa alguna escena de tu vida que te produzca mucho miedo o molestia; mírala con mucha atención y viendo todos sus detalles. Pronuncia la palabra Shakti, varias veces si es necesario, con mucha resolución y desde tus raíces hasta que sientas que la imagen vuela en mil pedazos, destruyéndose por completo.

Realiza baños rituales con sal marina, agregando pétalos de flores. Estos permiten una limpieza profunda, una posibilidad de empezar de nuevo, de sentir la purificación de todo tu cuerpo, mente y corazón, de los karmas pasados y presentes.

Si se alude a la capacidad de Kali de enfrentar los propios demonios, será conveniente conectarse con los resentimientos, el enojo, la rabia que existen dentro. Bailar al son de tambores en un frenesí sin tiempo para lograr hacer catarsis y liberar la energía que se te escurre puede ser muy útil para movilizarte con dinamismo. Golpear almohadones para sacar fuera tu furia, también puede ayudarte en tu proceso, igual que correr a todo dar, por un rato.

Para mantener nuestra conexión con Kali conviene practicar meditaciones dinámicas que refuercen nuestra defensa personal y la conciencia corporal como por ejemplo, el Tai-Chi, el Kung Fu, el Chikung y el Aikido.

Visualización

Música hindú en flauta dulce, principalmente acordes tipo zen. Caminamos con firmeza hasta que llegamos ante a la imagen de Kali que más recordamos. Nos enfrentamos a ella ataviándonos con todos sus símbolos concretos, confrontando a cada uno con gran atención, sintiéndolos como nuestros. Lo hacemos lentamente observando qué analogías, reminiscencias y recuerdos nos traen los diversos objetos, principalmente, los cráneos y los cuchillos.

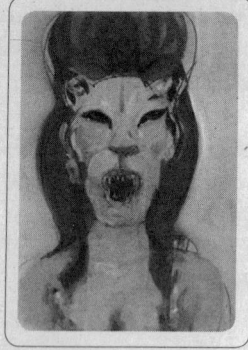

SEKHMET
Diosa Leona

Cultura original: Egipcia.
Tendencias y energías: Va directo al grano, entusiasmo, intensidad, pasión, animalidad, ferocidad.
Mensaje: Acepta que tu rabia y resentimientos existen. Cuando no los reconoces, niegas tu poder, tu fuerza para efectuar la transformación, tu voluntad de transmutar. Ambas, la fortaleza y la ira, son los dos polos de una misma energía.
Símbolos: El ankh, la cruz ansata de la sabiduría, de la iniciación y de la vida, rostro de roja cabeza de leona.
Colores: Sangre, dorado, ocre, marrón.
Frase talismán: *Yo tengo rabia, por esto... por esto... y por esto...* (Completa los espacios con tus palabras.)

Características principales

En Egipto, el león —llamado rey de la selva— tenía un estatus divino como representante de la diosa Sekhmet. La diosa madre tiene una amplia relación con los leones desde el Paleolítico. Una de las pruebas más antiguas de este vínculo entre los leones y la maternidad existe en la Capilla de la Leona, en el santuario de la cueva de Les Trois Fréres (Los Tres Hermanos), en la Dordoña francesa, donde uno de sus altares tiene dibujados a la felina y su hijo. En la pared existe otro grabado muy realista de otra leona, correspondiente al Paleolítico medio, de entre 18 mil y 14 mil años a.C.

Una de las imágenes más llamativas de la diosa de cabeza leonada es la de la divinidad madre de Anatolia, situada en lo alto de Yazilikaya, otrora capital de los hititas. Es la pieza central de un imponente conjunto de figuras, de dos metros de altura. Allí ella monta un león, al mismo tiempo que un dios avanza hacia ella. Podría representar un matrimonio de deidades. Existen mitos y rituales de metamorfosis conectados con los ciclos solares.

Cuando la divinidad egipcia Hathor se enojaba, se la identificaba con Sekhmet: poseía cabezas de león que miraban hacia delante y hacia atrás, que simbolizaban el tiempo. Por otra parte, a Sekhmet se la conecta con la diosa gata Bast, relacionada con la Luna, el fuego y la sexualidad sagrada. Se dice que esta ligazón era por la forma en que los ojos de los gatos brillan en la oscuridad tal como que la Luna.

Leyenda y mitología

Cuentan que esta deidad poseía profundas cualidades mágicas, de curación y de invencibilidad. Un día se enojó tanto con toda la gente por su desconocimiento y negación del orden divino que comenzó a comerse a todas las personas. Su furia fue tan grande que incluso atemorizó a los dioses, quienes llamaron a Ra, la divinidad más importante de Egipto, para serenarla. Ella rehusó la calma, por lo que Ra, queriendo salvar a los sobrevivientes, inventó una estratagema. Mezclaron siete mil medidas de cerveza con jugo de granadas y las desparramaron sobre la tierra en el camino que hacían los leones, confiando en que Sekhmet tomaría este brebaje por sangre humana y que bebería para calmar su sed de venganza. Así fue. Posteriormente, cuando ella despertó horas después de su inconsciente borrachera no tenía ni asomo de rabia.

En todos los casos —explica Shanrukh Husain en el libro *La Diosa*— el frenesí destructor de la diosa aflora transitoriamente para luchar con los enemigos de uno o varios dioses de la justicia y es la energía positiva masculina la que restablece el equilibrio. Al eludir el empleo de la fuerza, el dios encamina a la diosa hacia la pasividad, reflejando su aspecto afable hasta que se da cuenta de que su ira se ha consumido. La sangre derramada —agrega— no es un simple efecto secundario de la destrucción. Tiene importancia en tanto materia prima de la vida y la muerte que la alquimia divina puede convertir en un nuevo ser.

Significado

Si aparece esta deidad hoy en tu lectura es una recomendación para que revises las muchas ocasiones en que fuiste buena, haciendo lo que te imponían. O las veces en que sentiste curiosidades de tipo animal y no fuiste tan clara por lo desconocido de tus sensaciones. Piensa en tus rabias no expresadas, en tus deseos de venganza y en tus intensidades sexuales.

Recuerda los conflictos que sentías cuando te imponían ideas o acciones y no cumplías con tu propio deseo tu deseo. Sólo las niñitas obedientes eran queribles y se iban al cielo. Entonces pelear o no ser oportuna era un riesgo demasiado grande.

Si entró Sekhmet en tu mapa hoy, es una invitación a tomar contacto con una furia primitiva, animal, muy de adentro; es posible que sea antigua y, probablemente, poco reconocida, vista y asumida. Lee tu diario de vida, sumérgete en el pasado y el presente dándote permiso para conectar con esos nudos que todavía pueden estar allí. ¡Hazte cargo de todo tu potencial vital!

Otra forma de comprender a esta diosa la señala Amy Sophia Marachinsky:

No sueltes tu ira, no la dejes ir. Aprende a expresarla de una manera que sea escuchada.

Aprende a transformarla para que se convierta en tu fuente de poder. Tu camino hacia la totalidad será más vital si aprendes a hacer de la rabia tu aliada.

Preguntas para descubrir a tu diosa Sekhmet, o la diosa león, en tu vida, desde pequeña, adolescente, mujer en plenitud, sabia:

1. ¿Recuerdas divergencias importantes con tus padres, profesores, parientes u otras autoridades?
2. ¿Tienes presente alguna pelea significativa con alguno de ellos?
3. ¿Recuerdas algún disgusto importante con alguna compañera o amiga, antes, hace algún tiempo o ahora?
4. ¿Cuál ha sido tu conexión con los animales? ¿En especial con los y las felinas?
5. ¿Cuál es tu relación con las autoridades, los líderes y/o las personas que te parecen estimulantes?
6. ¿Te es fácil sentirte de igual a igual con gente, entre comillas, más importante que tú, en cuanto a altura profesional, económica o social?
7. ¿Sientes que algún león o leona de la selva te ha mirado de arriba hacia abajo? ¿Cuál ha sido tu reacción? ¿Lo has hecho tú? Relata las circunstancias.
8. ¿Cómo está tu importancia personal? ¿La percibes como algo significativo para ti?

9. ¿Eres orgullosa y soberbia, o lo contrario: "tirada a partir"?

Ritual e invocación

Para conectarte con tu potencia te sugerimos escuchar el *Bolero* de Ravel y que sigas la música con todo tu cuerpo a todo dar, respirando intensamente con el objeto de ir adquiriendo una forma catártica, tanto si estás en grupo como sola.

Permítete asumir lo que se llama agresión, ganas de pelear, de discutir, enojos, rabietas sin que necesariamente las expreses. Es conveniente tener un cojín a mano para golpearlo o un tambor para tocarlo expresando tu ira y tu empuje, tu voluntad y tu libertad hasta que te canses. Puedes volver caótica la respiración, haciéndolo con ímpetu, inspirando y exhalando con mucha conciencia e intensidad hasta que realmente te canses y dejes todo por estar literalmente exhausta.

Visualización

Nos imaginamos dentro de una selva con muchos paisajes, grupos de árboles de distintas especies, áreas más desérticas, canales, vertientes y mucho ruido de la naturaleza. Puede ser un ambiente con las pirámides y las esculturas faraónicas como energías de fondo, apenas entrevistas.

PELÉ
Diosa de los Volcanes y del Fuego

Cultura original: Polinesia, hawaiana.
Tendencias y energía: Autoritaria, fogosa, volátil, impulsiva, arrasadora, destructiva.
Mensaje: Aprende a asumir tu indignación sin dejar nada a medias tintas.
Símbolos: Volcanes, montañas, fuegos, imagen de mujer vieja, de edad mediana o joven, atractiva y rápida.
Colores: Rojo, amarillo, naranja, negro, todos intensos.
Frase talismán: *Me la juego en forma integral cuando la situación lo exige.*

Características principales

Pelé es uno de los espíritus y deidades ancestrales que representa la intensidad de la vida en todos sus aspectos. Se la conoce por su sensualidad y por el entusiasmo que desarrolla en todos los asuntos.

El color rojo fuego que la representa, corresponde al inicio, al sexo, al amor, a la vitalidad.

La transformación de la rabia puede ser un cambio consciente y hasta los colores del fuego y de la ira son semejantes. Del intenso rojo de las erupciones volcánicas, representaciones del enfado y el resentimiento acumulados, a la transmutación de ese fuego en una fluidez de movimientos, en múltiples creaciones en color amarillo pálido, naranja, verde hasta azul y violeta del propio fuego. La acción y la creatividad son formidables y sin límites y están presentes en todas las actividades del ser humano.

Pelé —la diosa volcánica del fuego que vive en la Polinesia, en la Isla grande de Hawai— es simbolizada por el rojo intenso del diablo en el pecado de la furia. Es impulsiva, dominante y resulta ser una erupción permanente. Toda esa vehemencia puesta en una acción centrada puede ser muy útil para determinar situaciones, en forma decidida y positiva, para liberar emociones.

Y es la misma energía la que se transmuta y es activa dentro de una misma y creadora de todo. Atravesar la gran agua definida y decidida es la senda de la guerrera espiritual que necesita cortar con situaciones, manejar su propia espada de la verdad en forma tajante y firme, con gran impulso y voluntad sin siquiera pensar en las consecuencias. Esa es Pelé, cuyo fuego destruye todo lo que está en su camino, creando tierra nueva cuando su lava roja e iridiscente se enfría. Su danza fogosa aumenta con los fulgores del verano.

Leyenda y mitología

La cultura hawaiana no tiene palabras especiales para la religiosidad —afirma Hallie Iglehart Austen en su texto *El corazón de la diosa*— y la gente conoce a esta deidad de una manera personal. Algunos dicen que la han visto y se refieren a ella como Madame Pelé; el Volcán Mauna Loa se considera una manifestación de la divinidad. Existe un grupo llamado Fundación de Defensa Pelé que, previene la destrucción de los sitios sagrados.

Pelé era la hija de la diosa de la tierra, Haumea. Era muy aficionada al fuego desde pequeña y siempre andaba buscando fogatas. A toda la gente le pedía que le enseñara a hacer fuego. Aprendió a producir las chispas, a mantener la llama con poca madera y hasta si la leña estaba húmeda. Pero era el fuego interior, el que estaba dentro de la montaña, el que ella buscaba. Ella quería ir hasta el fondo de la tierra para descubrir esos misterios.

Se enamoró de Lohiau, dios del océano y lo sedujo un tiempo antes de que ella volviera a su isla montaña. Envió a su hermana Hiiaka, en la que confiaba plenamente, a traerlo a su hogar. En el largo viaje, Lohiau se enamoró de Hiiaka, quien negó sus avances y acometidas llevándolo sano y salvo donde su hermana. Sin embargo, Pelé, la celosa deidad, en un ataque sin control, quemó a su amante hasta la muerte; pero sus llamas no alcanzaron a Hiiaka, que liberó a Lohiau del mundo subterráneo y lo llevó de vuelta a su lugar de origen.

Otra versión señala que en una pelea con su hermana, Pelé tomó refugio en el cráter activo del monte Kilauea, donde recibe las almas de los fallecidos y las regenera a través del fuego de la creación y de la vida. A partir de su muerte, se convirtió en una poderosa deidad. El Kilauea forma parte del Parque Nacional de los volcanes; en el lugar se prohíbe recoger piedras o guijarros de lava. La leyenda dice que, incluso hoy en día, los que ignoran esta advertencia sufren funestas consecuencias.

Los habitantes de la isla grande de Hawai todavía comentan haber visto a Pelé pidiendo un cigarrillo, el que enciende con el rápido frote de sus dedos y que, en una centellada, desaparece. Muchos lugareños afirman que la perciben bailando en la cima de las ardientes montañas.

Esta es una de las pocas divinidades que aún vive en el consciente y el inconsciente de los habitantes. Ellos indican que cuando Pelé se enoja envía lava caliente que aniquila la tierra, los bosques, los jardines, las construcciones. Los habitantes polinesios y cristianos de Hawai le llevan a Pelé muchas ofrendas —como brandy, ginebra, monedas, dulces, flores, hibiscos de colores, piñas y frutillas—, cuando comienzan las erupciones de los volcanes, junto a ejecutar sus bailes frenéticos. En los hechos, Hawai ha crecido en 40 hectáreas desde finales de la década de los 80, en la cual hubo diversas danzas volcánicas.

Significado

Si aparece Pelé en tu consulta te sugiere que te pongas en contacto con la intensidad, la gran vitalidad, los enojos, las pasiones que anidan en tu ser, que entiendas qué es lo que tienes que despertar en ti, que asumas lo que quieres efectuar sin pensarlo dos y tres veces y hasta diez veces; asimismo te pide que cortes con una decisión firme, cuando la situación lo amerite, para que desde allí puedas crear una nueva vida y experiencia para ti. Te indica que te preguntes, ¿en qué he perdido lucidez o en qué aspecto de mi vida me estoy quedando dormida? Es el momento de despertar tu potencial, tu tremendo ímpetu para sacudirte la modorra y ponerte en acción a todo dar con tu voluntad absoluta.

Preguntas a Pelé, la Diosa de las fogosidades:

1. ¿Te sientes a menudo muy cargada de energía que no sabes dónde poner?
2. ¿Te parece que a veces no sabes qué hacer contigo misma por percibir que tus nervios te dan una vibración muy eléctrica?
3. ¿Tienes la sensación de no saber hacia dónde te lleva tu energía?
4. ¿Has percibido que cuando entras en una habitación algo sucede a los otros con el poder de tu sola presencia?
5. ¿Percibes que influencias a otros con tus acciones, tus opiniones o simplemente tu estar allí?

6. ¿Vistes de colores fuertes, en especial de rojo, naranja, fucsia?
7. ¿Te gusta el fuego? ¿Eres un poco pirómana (por ejemplo, prendes fósforos armando pequeñas fogatas en los ceniceros)?
8. ¿Te gusta cuidar del fuego en la playa o en los sitios en que hay chimeneas o estufas de doble combustión?
9. Habla del fuego y su influencia sobre ti, si te gusta o te asusta, si tienes muchas fantasías con él.
10. Oblígate a hablar y sacar tus rabias de todo tipo, desde las más ínfimas hasta las más intensas. Escríbelas en un papel o en tu cuaderno, si te resulta más fácil.

Ritual e invocación

Velas de color rojo, negro y marrón, todas encendidas con cuidado para que las energías no produzcan más esperma de la aconsejable. Música que va en alza irradiando más y más volumen.

Llegas a tu santuario personal acompañada de otras hermanas, aunque puedes hacerlo sola. Te sientas, respirando en cuatro tiempos; inspiras, te detienes, exhalas, te detienes, vuelve a entrar el aire, paras, sacas el aire afuera y así sucesivamente, por unos diez minutos.

Te conectas con haces de luz que vienen desde el cielo, dirigiéndose a la parte alta de la cabeza, atravesando los pisos superiores de tu departamento o casa. Los rayos de claridad entran por tu coronilla, atraviesan tu frente, las fosas nasales, la boca, la garganta, el pecho, el esófago y el tórax, la cintura; siguen iluminando los órganos abdominales y sexuales, la cavidad pélvica, y salen por el final de la espalda, por el cóccix, atraviesan el suelo, los pisos de debajo (si los hay), los subterráneos, los cimientos de la construcción, las piedras, el lodo, las raíces subterráneas, las aguas, hasta llegar a un pasaje al fondo de la tierra. Los haces de luz se amarran a un sólido tronco de madera.

Visualizas una fogata crepitante en el medio de esta base de tierra oscura, cuya intensidad se percibe. La música ha cesado. Inhalas el fuego visualizando su color, calidez y luz, los llevas a tu interior. Sientes el calor, lo vivaz, la caricia, la energía del fuego, en especial bajo el ombligo, en el segundo chacra, justamente de color naranja, donde se conectan el cielo y la tierra, aproximadamente en la mitad de tu cuerpo.

Incorporas en todos tus órganos, de a poco, el fuego, su sonido, su crepitar, sus colores, su luminosidad, su potencia. Desde el bajo vientre hacia el tórax, sintiendo los intestinos, los órganos sexuales, el estómago, el diafragma, el bazo, el hígado, el corazón, la garganta, ascendiendo hasta la coronilla. Desde allí, sientes y visualizas miles de llamitas flameantes y centelleantes, que van subiendo, subiendo hasta tu cabeza, y luego descienden y se desparraman alrededor de todo tu cuerpo llenándote de energía y salud radiante. Imaginas tu columna vertebral llena del fuego líquido y vitalizador. Luego siguen los haces de luz y las gotitas del fulgor hacia tus extremidades superiores e inferiores, incluyendo manos y pies, los llenan de dinamismo.

Te sientes lista para actuar en lo que te toque, en lo que la existencia te señala.

Visualización

Nos encontramos con una mujer de rostro mate, cabellos rojizos, de regio porte y energía altanera, de columna muy recta, de un cuerpo ardiente de atracción y poder en un campo de flores, gardenias, hibiscos y orquídeas de todos los colores y aromas imaginables, con música de la Polinesia, muy alegre. Nos confundimos con ella en un abrazo apretado recibiendo esta energía fogosa y que se revuelve con la nuestra. Sentimos los estímulos, el calor, los aromas, el impulso generoso y amoroso que nos entrega, un estímulo vibrante.

Diosas de la Compasión

Arquetipos de sabiduría profunda, del desapego, la tolerancia, el amor incondicional, el amor crístico y universal. La generosidad y la paz.

KUAN YIN
Diosa del Amor Incondicional y la Compasión

Cultura original: China.
Tendencias y energías: Perdón, misericordia, compasión, altruismo, tolerancia, generosidad, paciencia, curación.
Mensaje: Es momento de que te perdones a ti misma y con ello a todos los demás seres, cultivando la aceptación y la tolerancia.
Símbolos: La imagen misma de Kuan Yin, las flores de loto que contienen el néctar de la sabiduría, el vocablo Kuan Yin.
Colores: Oro, crema, rosa y celeste pálidos.
Frase talismán: *Soy gentil y amorosa conmigo y con todos los demás seres, ahora y siempre.*

Características principales

El nombre de la diosa Kuan Yin significa "la que escucha a los seres dolientes de este mundo". Representa la energía de la compasión dentro de la sabiduría budista china. Es la madre de la misericordia, la bondad, el servicio y la sanación. Es muy amable y de gran capacidad empática frente al sufrimiento de otros.

El nombre Kuan Yin se compone del prefijo Kuan, que significa tierra, y de Yin, que evoca la energía femenina. Ella es una de las más bellas y poderosas manifestaciones del principio sagrado del Yin, el reluciente fuego espiritual que nunca se extinguirá. De hecho, en muchos lugares del mundo existen santuarios y templos en los cuales la invocan sus muchos devotos. Asimismo, en diversos hogares existen altares que llaman a la devoción. Incluso, algunas de las fuentes de agua que se utilizan en el Feng Shui, disciplina de arquitectura del aire y del fuego, llevan su imagen.

Se dice que es de una abnegación especial para las mujeres y que provee las bendiciones terrenales a los niños. Se ocupa de la protección, la salud y de la larga vida para los que le rezan pidiéndole su luz.

Leyenda y mitología

El mito señala que Kuan Yin era hija de un hombre rico y cruel que la quería casar, buscando una posición social que lo beneficiara a él y sus negocios. La abnegada Kuan Yin tenía en su ser la voluntad de llegar al mundo del espíritu y por ello y, al contrario de lo que hicieran sus hermanas, desobedeció a su padre y entró a un santuario. Así, llegó al llamado Templo del Pájaro Blanco, donde fue conocida por su dulzura y sus buenas acciones. Su padre estaba tan molesto con ella que ordenó su muerte, pero los criados encargados de su ejecución no le hicieron caso y la llevaron muy lejos. Más adelante, por sus positivas hazañas, fue llevada a lo alto.

Se dice que estaba tan conmocionada por el sufrimiento de la humanidad que, al llegar a las puertas del cielo, escuchó sollozos que venían desde la tierra. Entonces, decidió retener su forma humana para ayudar a otros a despertar hasta que todos los seres vivientes se iluminaran y estuvieran libres de cualquier aflicción. Se dice que por esta promesa Kuan Yin se transformó en deidad, si bien en la sabiduría budista no existen las deidades. Se cuenta que vivió en la isla P'u T'o Shan durante mucho tiempo y que siempre contestaba todos los ruegos y plegarias que se le dirigían.

En el budismo se denomina a estos seres los "bodhisavas" de la compasión y corresponden a la energía femenina del Buda, que hizo lo mismo. Ellos permanecen en el planeta Tierra ayudando a todos los "seres sintientes" a salir de la ignorancia para conocer las nobles verdades del Buda y poder, así, llegar a la iluminación.

El poder de la amada Kuan Yin es tan grande que en el Oriente representa el máximo poder de la infinita compasión humana. Mediante el solo hecho de invocarla cesan los dolores y los sufrimientos; se asegura la salvación del daño físico y espiritual. Se recomienda hacerlo en alta voz. En Japón se la conoce como la diosa Kwannon, de mismas características. También se la conecta con Tara, del panteón budista tibetano, la diosa de los 21 brazos que representan todas estas numerosas facultades.

En la tradición budista Kuan Yin es considerada la forma femenina correspondiente al Buda, Avalokiteshvara, expresión de la infinita compasión y que había saltado de una de las lágrimas de Buda. Existen versiones a través de las cuales se la relaciona con la dulce y suave energía de la Virgen María de la tradición cristiana. Sus símbolos son el arco iris, las perlas, las fuentes de agua, las flores de loto.

Significado

¿Te has sentido incomprendida por las personas en los últimos tiempos? ¿Te has sentido irritable, molesta o algo apática? ¿Estás siendo muy exigente contigo misma? ¿Estás con temor de que los otros te puedan herir? ¿No te estás dejando conmover por el dolor humano? ¿Expresas tu compasión ante la miseria humana, reconociendo los infortunios de los espacios que nos toca vivir como planeta Tierra?

Recuerda que todos tenemos el derecho de relajarnos, de ser comprendidos y, antes que nadie y todos, de ser tú misma. La caridad empieza por casa. Recuerda que sólo llamar a la Kuan Yin desde tu ser profundo te ayuda enormemente, siempre que tu intención sea verdadera, dándote el espacio y el tiempo para llevarlo a cabo. Mejor aún si frente a su bello rostro prendes una luz, lees algo más sobre su acción y su vida, observas con atención sus imágenes originales y le haces un regalo que te brote del corazón.

Revisa con misericordia todas tus faltas y fallas y lo que pudieras mirar como tus fracasos; perdónate tu impaciencia contigo misma. Con seguridad, al hacerlo te será más fácil mirar con respeto, tolerancia y amor a los otros. "Quizá se te está diciendo que te abras al dolor de otros y que sientas compasión por el dolor de la Madre Tierra y todos sus hijos", se indica en el oráculo *Diosas de la nueva luz*, de Pamela Mathews.

Algunas preguntas sobre nuestra relación personal con la deidad de la compasión hacia todos los seres sintientes, la amorosa Kuan Yin:

1. ¿Tenías conciencia de lo espiritual y de la bondad cuando eras pequeña?
2. Hoy día, ¿te das tiempo para dedicarte a recrear tu mundo místico? ¿Cómo lo haces? ¿Sientes hambre espiritual?
3. ¿Qué necesitas cambiar para vivir más ese aspecto? ¿Qué tendrías que dejar de hacer para dedicarte más a estos espacios?
4. ¿Utilizas alguna práctica para desarrollar tu centro espiritual?

5. ¿Conversas de estos intereses con tu familia, tus padres, parientes y amigos? ¿Cuál es su actitud? ¿Te sientes apoyada?
6. ¿Qué ideas religiosas tienen importancia para ti en estos momentos?
7. ¿Tuviste una educación religiosa? ¿Fue beneficiosa para ti o sientes que hubo algo en relación a ello que fuera negativo para ti?
8. ¿Sientes que necesitas ayuda divina? ¿Cómo te encomiendas a la divinidad?
9. ¿Eres muy exigente contigo y con los otros?

Ritual e invocación

Se usa llamarla a través de ciertos cánticos, rezos y ofreciéndole incienso, flores y frutas. Las flores de loto en color blanco y azul la simbolizan, al igual que las corrientes de agua, muchos de sus santuarios se encuentran junto a ríos, cascadas y afluentes de agua.

Una de las plegarias para llamarla dice así: *Oh, amorosa y gentil Kuan Yin, dame coraje para que siempre siga mi corazón y cumpla mi verdadero destino aunque este camino mío desilusione las expectativas de otros. Garantízame tu presencia y tu gracia para que yo alivie los sufrimientos y las inseguridades de los otros que encuentre a lo largo de mi camino.*

Otra oración que se conoce es el Dharani de la Gran Compasión, en chino es "Ta Pei Chou", que está acortado en un saludo a la diosa, que dice así: "Namo Kuan Shi Yin P'u-Sa" o, más abreviado aún: "Kuan Yin P'u-Sa". Con solo invocarla, con

fe y confianza, repitiendo en voz alta su nombre
—Kuan Yin, Kuan Yin, Kuan Yin—, o alguna de
las frases citadas, ella aparece y cesan nuestras
penas y dolores.

Otro rito que se sugiere en el sitio de internet
"Templo Virtual de Kwan Yin" dice así:

*Tú que eres la que oye el sonido del mundo, oye
mi plegaria y permíteme cobijarme bajo tu manto de
luz.*

*¡Gloria a Kwan Yin, la Misericordia! ¡Gloria a
Kwan Yin, la Redentora! ¡Gloria a Kwan Yin, personificación del amor puro!*

Visualización

Con incienso chino o tibetano ambientamos
el altar con las imágenes más conocidas de la
hermosa y gentil Kuan Yin. Vamos a nuestro
santuario personal. Recordamos alguna situación
difícil en que hemos sido crueles o duras con otros
y/o con nosotras mismas. Repetimos la palabra
Kuan Yin, varias veces, hasta que la imagen del
conflicto se destruye estallando en mil pedazos.
Visualizamos a la dulce Kuan Yin en su actitud
de paz. Nos sentamos frente a ella observándola
y ella nos sonríe dulcemente, suavemente...

TARA
Las 21 manifestaciones de la deidad budista

Cultura original: Budismo chino, indio, tibetano.
Tendencias y energías: Bondad, tolerancia, purificación, curación, inocencia, deidad de la meditación y de la medicina, del cumplimiento de los deseos, facilitadora de los milagros, del misticismo y del conocimiento espiritual. Protectora contra los temores.
Mensaje: Es tiempo de incorporar la meditación a tu vida. Observa tu respiración, encuentra una meditación de movimientos (yoga o tai-chi, por ejemplo), repetición de mantram o de silencio.
Símbolos: Chacras, flores de loto, cuencos musicales y campanas, sus imágenes más conocidas en los libros de sabiduría budista, centros de meditación y sitios de internet.
Colores: verde, rojo, blanco, dorado, negro.
Frase talismán: *Encuentro la compasión como una verdad esencial.*

Características principales

A Tara se la conocía como la "dama de las naves", la que tenía la "posibilidad de pacificar las aguas". Se dice que estaban a su servicio unos espíritus femeninos que salvan a los barcos de los naufragios. Se considera que es una figura parecida a las deidades como la Virgen María o la diosa Stella Maris, protectoras de las aguas y de las tormentas.

Su nombre significa estrella y ella es la guía de los seres humanos hacia el camino del conocimiento y del despertar, desde una perspectiva realista, dejando atrás el mundo de las ilusiones. Es la deidad india y tibetana de la sanación y de la propia maestría.

Nos llama a conectarnos con la plegaria y el ruego concretos para comprender la verdad y la sabiduría superior desde un lugar dulce y amoroso: la contemplación y la meditación. A Tara se la conoce bajo 108 nombres diferentes y se la llama a través de las 108 cuentas del rosario, que responden a la misma cantidad de nombres por los que se la invoca y que suelen mencionarse regularmente en los rezos.

Existen 21 manifestaciones concretas de ella. Se la expresa más frecuentemente pintándola en cinco colores diferentes: verde, azul, amarillo, rojo y blanco, los que representan sus diversas energías. Por ejemplo, la Tara verde representa intensidad, movimiento y sanación, y la Tara blanca llama a la paz y la iluminación. Una de sus representaciones la hace aparecer en un bote conduciéndonos hacia la lucidez y la verdadera realidad. A veces se la ilustra sentada en un león, sujetando el Sol en una mano, o como una mujer muy elegante que tiene entre sus dedos una flor de loto, planta sagrada para los cultivos del Oriente.

Leyenda y mitología

Es la deidad más popular en el Tíbet, donde además la llaman Dalma. Es la madre suprema, la gran Tara o Mahatara. La leyenda señala que la gente del Tíbet desciende de Avalokitesvara, el buda femenino, y de Tara, la deidad protectora. En el siglo 3 fue incorporada al budismo mahayana, una de las líneas fundamentales de las enseñanzas del Buda.

Shahrukh Husain la expresa de esta forma:

> Como creadora básica dio vida a los budas y a los bodhisattva. Es la diosa del ascetismo y del sendero de la sabiduría. La importancia que el budismo místico tibetano atribuye al principio femenino queda de manifiesto en que todos los bodhisattvas tienen consortes, a menudo consideradas sus "energías" o "potencias" denominadas dakinis. Al igual que Tara, dichas mujeres son iniciadoras y conducen a los hombres a un estado de entendimiento de lo esotérico, habitualmente transmitiéndoles la energía divina a través de la unión sexual.

Algunas ramas del budismo tántrico inician a sus acólitos colocándoles en el regazo la estatuilla de una dakini, como acto simbólico de la cópula.

Significado

Si aparece Tara hoy en tus respuestas, la indicación es clara. Su energía y luminosidad te llaman a centrarte, a buscar la templanza y serenidad, a dejar el torbellino de las ilusiones, los tumultos de tu vida y la verborrea de tu lengua, la energía puesta afuera, a sosegarte para estar en condiciones de escuchar tu voz interna: la conexión con el cielo, la esencia y lo superior de ti misma.

Su presencia te llama a perder los temores frente a las transformaciones concretas a las que te conduce la existencia: un trabajo nuevo, una relación de pareja, un cambio de casa.

El silencio es tu primer consejero y la diosa Tara, en alguna de sus encarnaciones, te enseña cómo entrar en él, cómo doblegar el maya de las ilusiones. Te llama a conectarte con tu alma, con lo inmortal, lo trascendente y permanente que hay en ti.

Para relacionarte con Tara existen ciertos sonidos que te apoyan en tu camino para hacer la tarea. Son sílabas, tales como el ohm, que en sánscrito es el sonido universal de la creación y uno de los lenguajes más antiguos. Al ser repetidos estos mantram con una intención no mecánica, de devoción y entrega, te ayudan a quemar el karma de esta vida y de las anteriores y, por sobre todo, te pueden ayudar a calmarte interna y externamente.

Preguntas que te ayudan a reconocer la presencia de Tara, a través de sus diversas manifestaciones son:

1. ¿Recuerdas las primeras veces en que te preguntaste por tu origen y tu misión en la Tierra? ¿Cuándo te diste cuenta de que todo es una ilusión?
2. ¿Cuál es tu primer recuerdo de observar otras maneras de pensar, otras realidades como las del mundo oriental, de la India, de Nepal, de China, de Japón, del budismo, del sufismo, etc.?
3. ¿Recuerdas tus primeros "darte cuenta" de tu ignorancia y tus miedos, frente a los asuntos trascendentes de la existencia?
4. ¿Cuándo tuviste conciencia de que existían visiones diferentes de apreciar la realidad de las que tú conocías?
5. ¿Cuál fue tu primer conocimiento del budismo?
6. ¿Conoces las cuatro nobles verdades del Buda?
7. ¿Cómo ha sido tu primer contacto con la muerte física de un ser querido?

Invocación y ritual

Lo más recomendable es asistir a las meditaciones organizadas por los centros budistas tibetanos que existen, prácticamente, en todos los países del mundo. En ellos se celebran ceremonias y meditaciones, muchas dedicadas especialmente a las diferentes expresiones de Tara y que son la forma más adecuada para tomar contacto con ella y con las profundas, amplias e iluminadoras enseñanzas budistas.

También se pueden poner las manos en un mudra o posición de meditación o de rezo; por ejemplo, juntándolas como en oración: una especie de saludo al ser interior que anida en cada uno de nosotros. Este se efectúa en las danzas sufíes y en el yoga; saludamos de esa forma a nosotros mismos y a los otros, inclinándonos desde el alma y en una reverencia divina la esencia de nuestro ser y la del que está frente o al lado de nosotros y a todos los que asisten con nosotros a este rito. Se puede usar el mantram ohm o Namasté, como forma de saludo (Namasté significa en sánscrito saludo al ser divino que hay en ti).

La música de los monjes tibetanos con sus compases repetitivos y campanillas de atención produce una sensación de bienestar, de paz y de conexión. Esta oración tibetana tradicional expresa la devoción que provoca Tara:

Homenaje a Tara nuestra madre:
¡Gran compasión!

Homenaje a Tara nuestra madre:
¡mil manos y mil ojos!
Homenaje a Tara nuestra madre:
¡reina de la sanación!

Homenaje a Tara nuestra madre:
¡conquistadora de la enfermedad!
Homenaje a Tara nuestra madre:
¡conocedora de la compasión!
Homenaje a Tara nuestra madre:
¡básica como la tierra!
Homenaje a Tara nuestra madre:
¡refrescante como el agua!
Homenaje a Tara nuestra madre:
¡estimulante como el fuego!
Homenaje a Tara nuestra madre:
¡expansiva como el viento!
Homenaje a Tara nuestra madre:
¡amplia como el espacio!

Por otra parte, la contemplación de Tara en sus diversas manifestaciones —dulzura, suavidad, entereza y bondad, que se aprecian en la imagen de la divinidad—, pueden ser fruto de gran decantar, entereza y serenidad.

Visualización

Existen imágenes clásicas de Tara, de sus ilustraciones más conocidas, en los calendarios y libros de filosofía e historia del budismo. Cuando queramos incorporar las cualidades de esta diosa, colocamos en nuestro altar alguna de ellas repitiendo el mantram ohm y, acompañadas de música budista, incorporamos su bello rostro como una presencia divina frente a nosotras y la observamos atentamente, haciendo nuestras su belleza, armonía y tranquilidad.

Diosa de la Buena Suerte

*Lakshmi es un regalo que te llega
de energía positiva y activa.
Te tonifica con amor, belleza y luz.*

LAKSHMI
*Diosa de la Abundancia y
de la Buena Fortuna*

Cultura original: India.
Tendencias y energía: Brillo, alegría de vivir, abundancia, generosidad, bienestar, éxito, magnificencia, madre universal, bonanza, la rueda de la fortuna.
Mensaje: Revisa en forma positiva todos los aspectos de tu vida: amor, amistades, trabajo, familia, creatividad, arte, regalos, lugar de residencia, oportunidades, elecciones, economías, suerte, viajes, etc.
Símbolos: Flores de loto, joyas, elefantes con la trompa en alto, aguas y manantiales, los siete

chacras, una mujer con muchas joyas, alhajada en el cuello y los brazos.
Colores: Amarillo, dorado, rojo, rosa, celeste, blanco, verde.
Frase talismán: *Soy la Gracia de la Fortuna.*

Características principales

El arte de ser feliz es una vibración que conviene asumir como anhelo y desarrollar, en especial en el mundo occidental. Es un conocimiento, un rito, una comprensión, una decisión, una plegaria, una disciplina, un algo que reclama lo más global de uno mismo durante todo el desarrollo de la existencia. Este contacto con la radiación de la opulencia y la prosperidad en todo orden de cosas, no sólo en lo material, esa confianza en que todas las necesidades verdaderas serán resueltas, está en manos de la feliz y generosa Lakshmi, la más querida deidad del panteón hindú. Nos ayuda a aceptar y fluir con los altos y bajos de la vida. Nos apoya en la consecución de nuestros fines. Incluso, el vocablo Lakshmi deriva de la palabra sánscrita Laksya, que significa meta u objetivo.

Leyenda y mitología

El mito dice que Lakshmi es la diosa de la buena fortuna, que ofrece la generosidad para todos. Es una de las deidades más populares de la India, gracias a su manifestación divina en todas las formas de riqueza. Existió en todos los tiempos.

Nació del gran océano de la leche. Cuando emergió de sus profundidades, sobre su trono —que es una flor de loto—, los elefantes la bañaron con agua procedente de vasos de oro; como se sabe, los ganesh, que significa abundancia, elefantes con la trompa hacia arriba, son divinidades en la India, mitad cabeza de animal y mitad hombres, símbolos de la gran fortuna. El agua vistió a Lakshmi con una corona de lotos inmarchitables, con perlas y joyas deslumbrantes en sus graciosos brazos y alrededor de su cuello.

Tan hermosa era la diosa Lakshmi que cualquiera que la mirara conocería la felicidad inmediata. Siempre se la describe sobre un loto de mil pétalos y descansando sobre el océano de la creación: ríos, manantiales, cascadas, fuentes, corrientes. Por ello, también se la llama Padma, o diosa del loto.

Esta flor, denominada también la de los mil pétalos, representa el principio femenino de la vida y es un símbolo del ioni u órganos generativos femeninos. Representa lo divino, la inmortalidad, la pureza y la evolución espiritual. Es el principio de la iluminación o su significación simbólica, es decir, el despertar y la trascendencia. Se lo sitúa en la coronilla como el chacra de los mil pétalos, de color blanco radiante e iridiscente.

Otra imagen la presenta sujetando con una mano su pecho lleno de leche, imagen de la nutrición, y con la otra señalando hacia la vulva, centro del origen de la nueva vida y de la procreación. Aparece generalmente parada o sentada con cuatro manos, las que simbolizan los confines de la vida humana: el darma o senda correcta, el kama o los deseos, el artha o la riqueza y el moksha o la liberación del ciclo de vida y muerte.

Es la diosa amada por pobres y ricos no sólo en la India, puesto que su proyección, significado y preciosa imagen han atravesado fronteras, continentes y culturas. Se la esculpe en madera de palo de rosa, que existe en gran cantidad en el sur de India, en Kerala.

Lakshmi puede ser la diosa más reverenciada del panteón hindú —indican Jill Fairchild y Regina Schaare en su *Manual: Las cartas de sabiduría de la Diosa*— porque ella es la energía poderosa y siempre presente que necesita su esposo, el dios Vishnu. En la filosofía hindú el Dios hombre es pasivo e inerte sin la presencia de la diosa. Su espíritu apoya las habilidades de Vishnu de enriquecer la vida, expandirla y mantenerla.

La reverencia a la Diosa Madre es parte en la India desde tiempos inmemoriales. Lakshmi es una de las diosas madres y nos dirigimos a ella con el prefijo mata o ma, que quiere decir madre. A otras divinidades indias nos dirigimos como Devi o divina.

La leyenda señala que Lakshmi se casó con Vishnu, el dios preservador y conquistador de la oscuridad; tuvo un hijo, Kama, deidad del amor romántico. Las tres divinidades representan la promesa dorada de la riqueza cuando bendicen los hogares con su generosidad.

Por otra parte, la conocida reverencia de los hindúes por las vacas, se basa en la adoración a esta diosa, pues se dice que en los tiempos antiguos, en la India, Lakshmi era también diosa de la fertilidad y su símbolo sagrado eran las vacas por su abundancia y plenitud, lo que también sucedía en Egipto y en otros lugares.

Lakshmi se manifiesta a través del arte y el conocimiento, enseña a sus seguidores la importancia de la sinceridad, la verdad y la filantropía. Conduce a todas las expresiones de la riqueza, tanto interna como externa. Se dice que cuando un jardín florece es porque ella está presente.

Está a cargo de la expansión y las oportunidades para el cambio. Además, sirve para revisar las expectativas que se tienen para la existencia, las que "dependen del cristal con que se miren", según afirma el refrán popular. La presencia de Lakshmi te estimula en la observación positiva de tu vida.

Significado

A Lakshmi le cuesta aparecer si no la dejas entrar; si es que a menudo estás preocupada y con falta de fe y confianza. Es fundamental que te abras al espíritu de la generosidad, la opulencia y la fortuna. Revisa la forma en que vives este concepto en tu historia de vida, desde tu niñez hasta ahora, en todo: amistades, salud, familia, amor, belleza, talento, humor, arte, regalos, viajes, actividades, profesión, dineros, etc.

De esta manera, permitirás que la rueda de la fortuna gire y gire. Siempre hay movimientos ascendentes y descendentes, está el sube y baja, el arriba y abajo, el movimiento del péndulo, las espirales y la ascensión. Lo importante es darnos cuenta de que nos podemos hacer cargo de la rotación, abriéndonos más y más al flujo de la abundancia y la buena suerte. Observando la plenitud de la vida en los aspectos más diversos; apreciando nuestros talentos personales, la misión de vida, los familiares, amigos, compañeros de ruta, hermanas de camino, bienes, trabajos, viajes, experiencias y amores.

Para abrir la puerta ancha a la Diosa del Esplendor, Lakshmi, conviene efectuar algunos rituales. Pero antes es conveniente que cada una repase su relación con sus riquezas y bienes no sólo materiales sino con los regalos que la existencia nos brinda. Estas son algunas preguntas que nos hacen acercarnos a la energía de la Diosa:

1. ¿Encuentras que tienes "mala suerte"?
2. ¿Cómo sientes que te trata la vida?
3. ¿Te sientes afortunada o priman los conflictos y los problemas?
4. ¿Te sientes beneficiada por la vida en algún ámbito? Comenta estos regalos.
5. ¿Te parece que tienes dificultades en el plano de los dineros? ¿Y en materia de trabajos y profesión?
6. ¿Te cambias a menudo de lugar de residencia, de trabajo, de actividad?

7. ¿Estás satisfecha en lo que estás ahora?
8. ¿Te cuesta verte confiada y fluida en el plano general de la abundancia?
9. ¿Cómo sientes que ha sido tu relación de amor con tus padres, hermanos, profesores y amigos?
10. ¿Cómo sientes que te ha tratado el amor de pareja?
11. Crea tus propias preguntas y observaciones sobre Lakshmi.

Ritual e invocación

Crear y atraer buena fortuna es tan entretenido y vigorizante como cualquier actividad artística. Lakshmi, la diosa hindú de los esplendores, la abundancia y la suerte, nos muestra cómo la riqueza se inspira de forma divina.

Algunos mitos señalan que Lakshmi existió desde siempre, flotando desde antes de la creación en una flor de loto, que saltó desde el océano llena de fuerza y belleza cubierta de perlas y de joyas. Se dice, por ende, que ella puede estar en todas partes: en una joya, en monedas, en conchas de formas especiales.

Lakshmi se integró al panteón hindú representando no sólo las riquezas de la tierra, sino también del alma, llegando a ser un símbolo de la magnificencia, la opulencia y la delicadeza espiritual. De hecho, la flor de los mil pétalos, localizada en el centro de la coronilla, es de color blanco iridiscente y representa la totalidad, la iluminación, la realización del ser humano.

Para honrar los poderes de creación, de prosperidad, los indios celebran la fiesta de las luces o el ritual de Divali, que se desarrolla en India la noche de comienzos de Luna nueva en Escorpión. Para recibir a Lakshmi es conveniente preparar nuestra casa: limpiarla y arreglarla, incluso poner luces en las ventanas, balcones y hasta tejados. El propósito es atraer su atención, ya que se piensa que mientras más brilla el hogar, más probable es que la diosa lo visite, pues le encantan los destellos y las cosas relucientes.

Para invitar a Lakshmi a entrar a tu casa compra una vela verde, pues el verde simboliza la fertilidad y la riqueza. Escribe tu nombre en ella y déjala en un lugar seguro donde nada pueda perturbarla. Perfúmala un poco con una fragancia floral —a la deidad le encanta los aromas—, enciéndela cuando esté completamente seca.

Para encandilar a la diosa crea un lugar sagrado alrededor del candelabro con monedas doradas, abalorios y joyas. Espera hasta la Luna nueva para prenderla. Cuando lo hagas, trata de no tener una idea fija de cómo crees que la divinidad te ayudará en tu prosperidad. Debes saber que vendrá en el momento y sitio adecuados y que su entrega será lo que tú necesitas. Quizá tengas que aprender a darte cuenta de ello.

Enciende un rato tu velón cada noche hasta que sea Luna llena. Cuando llegue este momento, la vela debe haber desaparecido y Lakshmi te habrá sonreído con creces. ¡Ya lo verás! (Este rito ha sido adaptado del libro *La Diosa dentro de ti*, de Kris Waldherr.)

Otra forma de conexión con esta antigua deidad de la fertilidad es su asociación con el arroz, la albahaca, las flores de loto, las monedas. Conviene poner estos materiales bajo las sábanas y almohadas. Por otra parte, se sugiere hacer un preparado de arroz con albahaca, dejarlo secar y llevarlo consigo en una bolsita como amuleto, recordando invocar: "¡Lakshmi, haz que el verdadero amor encuentre su camino a mi puerta y que la suerte me acompañe, dondequiera que yo vaya!". Se te sugiere inventar tu propio rezo diario para tomar contacto con tus verdaderas necesidades y con tus sinceros anhelos.

Visualización

Disponer de la imagen de Lakshmi, en la versión más clásica disponible. Alegre música hindú de cánticos y mantram. Los cantos Om Nama Shivaya... Om Nama Shivaya, mantram en sánscrito de la religiosidad hinduista. Vemos a Lakshmi en el océano bañada por el agua de dos elefantes, que representan fertilidad y autoridad real en el reino de lo concreto. Sentimos que la diosa nos habla y nos dice lo siguiente:

> La sabiduría de Lakshmi radica en que recuerdes que tú mereces la prosperidad como nadie en el mundo. El éxito, la abundancia, el bienestar se

hacen tuyos en la medida en que tú infundes mi alegre y gozoso espíritu vital en la esencia de tu ser.
(Extraído de *Las cartas de sabiduría de la Diosa*).

Contestamos lo que surja en los instantes mismos de la experiencia.

Bibliografía

Babcock, Michael. *Goddesses Knowledge Cards*. California: Pomegranate, s/f.

Barker-Revell, Lindell. *The Goddess, Myths and Stories*. New York: Smithmark Publishers, 1999.

Brennan, Barbara. *Manos que curan*. Barcelona: Nueva Era, 1990.

Bruce-Mitford, Miranda. *Signos y símbolos*. Barcelona: Blume, 1997.

Budapest, Zsuzsanna. *La gran madre luna*, Barcelona: Ediciones Obelisco, 2001

Campbell, Eielen. *Nueva era*. Barcelona: Robinbook, 1991.

Colectivo Conspirando, en memoria de Madonna Kolbenschlag, *Diosas y arquetipos*. Santiago: Ediciones Conspirando, 2001.

Dahr Lambert, Joan. *Los círculos de piedra*. Barcelona: Ediciones B, 1998.

Downing, Christine. *La diosa*. Barcelona: Kairós, 1998.

Dulitzky, Jorge. *Mujeres de Egipto y de la Biblia*. Buenos Aires: Biblos, 2000.

Dunn, Manuela. *Diosas. La canción de Eva*. Barcelona: Robinbook, 1998.

Durkon, Zolrak. *El tarot de los orishas*. Minnesota: Llewellyn Publications, 1994.

Eisler, Riane. *El cáliz y la espada*. Santiago: Cuatro Vientos, 1990.

——————. *Placer sagrado*. Vol. 2. Santiago: Cuatro Vientos, 1996.

Epstein, Gerald. *Visualización curativa*. Barcelona: Robinbook, 1991.

Fairchild, Jill & Regina Schaare. *The Goddess Wisdom Cards*. Portland: Maine Great Goddess Press, 1999.

Gadon, Elinor. *The Once & Future Goddess*. San Francisco: Harper Collins, 1989.

Gates, Brenda. *Los secretos de la diosa*. Barcelona: Ediciones B, 2000.

George, Demetra. *Asteroid Goddesses*. San Diego: ACS, 1988.

Gimbutas, Marija. *The Goddesses and Gods of Old Europe*, Hampshire: Bas Printers Limited, 1982.

——————. *The Language of the Goddess*. San Francisco: Harper Collins, 1991.

Greene, Liz & Juliet Sharman-Burke. *El Tarot mítico*. Madrid: Ediciones Edaf, 1988.

Harding, Esther. *Los misterios de la mujer*. Barcelona: Ediciones Obelisco, 1987.

Heath, Jennifer. *Diosas y hadas*. Barcelona: Ediciones B, 2001.

Hermann, Thea. *El oráculo de la Luna. El poder oculto de lo femenino*. Madrid: Edaf, 2000.

Hite, Shere. *Mujeres sobre mujeres*. Madrid: Punto de Lectura, 2001.

Husain, Shahrukh. *La diosa*. Singapore: Taschen, 2001.

Iglehart Austen, Hallie. *The Heart of the Goddess*. Berkeley: Wingbow Press, 1990.

Johnson, Robert. *Acostarse con la mujer celestial*. Barcelona: Ediciones Obelisco, 1997.

——————. *We, para comprender la psicología del amor romántico*. Buenos Aires: Era Naciente, 1998.

Jung, Carl G. *El hombre y sus símbolos*. Barcelona: Caralt, 1976.

Llewellyn. *Agenda 2003 de las brujas*. Barcelona: Ediciones Obelisco, 2002.

Marachinsky, Amy Sophia. *Goddessess Oracle*. Rockport, Massachusetts: Element Books, 1997.

Matthews, Pamela. *Goddesses of the New Light*. New Zeland: Richard Symons, 2002.

McLean, Adam. *The Triple Goddess*. Grand Rapids, MI: Phanes Press, 1989.

Milne, Courtney. *Visions of the Goddess*. Singapore: Penguin Books, 1998.

Monaghan, Patricia. *The New Book of Goddesses & Heroines*. Minnesota: Llewellyn Publications, 1997.

——————. *The Goddess Path*. Minnesota: Lewellyn Publications, 2000.

Morán, Mercedes. *Las diosas se desnudan*. Buenos Aires: Sudamericana, 2000.

Noble, Vicki. *Madre Paz. Un camino hacia la Diosa a través del mito, arte y Tarot*. Santiago: Cuatro Vientos, 1991.

——————. *Uncoiling the Snake*. New York: Harper Collins, 1993.

Osho. *El libro de la mujer*. Buenos Aires: Ediciones Aura de Bolsillo, 2004.

Osho, Shree Rajneesh. *Una nueva visión sobre la liberación de la mujer*. Palmas de Mallorca: Ediciones Gulaab, 1989.

Patterson, Ama. *Finding your Inner Goddess*. New York: Peter Pauper Press, 2003.

Peñafiel, Paulina y Javier Ibacache. *Agenda astrológica 2004*. Santiago: 2003 (autoedición).

Pinkola, Clarissa. *Mujeres que corren con lobos*. Madrid: Punto de Lectura, 2001.

Ress, Mary Judith. *Del cielo a la tierra*. Santiago: Sello Azul, 1994.

Rodríguez, Pepe. *Dios nació mujer*. Madrid: Punto de Lectura, 2000.

Schnake, Adriana. *Los diálogos del cuerpo*. Santiago: Cuatro Vientos, 1995.

Shlain, Leonard. *El alfabeto contra la diosa*. Madrid: Debate, 2000.

Shinoda, Jean. *Las diosas de cada mujer*. Barcelona: Kairós, 1993.

——————. *Viaje a Avalon*. Barcelona: Ediciones Obelisco, 1998.

——————. *Las diosas de la mujer madura*. Barcelona: Kairós, 2003.

Sierra, Malú. *Donde todo es altar. Aymaras, los hijos del sol*. Santiago: Persona, 1991.

Smith, Caroline. *El oráculo de la Luna*. Madrid: Arkano Books, 2000.

Starhawk. *La danza en espiral*. Barcelona: Ediciones Obelisco, 2002.

Stein, Diane. *The Women's Spirituality Book*. Minnesota: Llewellyn Publications, 1986.

Stone, Merlín. *When God was a Woman*. New York: Harcourt Brace & Company (reedición).

Telesco, Patricia. *365 Goddess*. New York: Harper Collins, 1998.

Von Franz y Marie-Louise. *Símbolos de redención en los cuentos de hadas*. Barcelona: Océano, 1990.

Vrissimtzis, Nikolaos. *Amor, sexo y matrimonio en la antigua Grecia* (autoedición).

Waldherr, Kris. *The Goddess Tarot Workbook*. Stanford: U.S. Games Systems, Inc., 2000.

Walker, Barbara. *The Woman's Encyclopedia of Myths and Secrets*. New York: Harper Collins, 1983.

Woodman, Marion y otros. *Ser mujer*. Barcelona: Kairós, 1992.

REVISTAS:

Conspirando, del colectivo chileno del mismo nombre.

Uno Mismo, de Editorial Agedit.